Digno eres, Señor

Restaurando en la Iglesia la gloria que le pertenece a Dios

PELLE KARLSSON

DIGNO ERES, SEÑOR

Publicado por Editorial Patmos
Miami, Florida, E.E.U.U.

Publicado originalmente en inglés con el título
Turn Your Eyes upon Jesus © 1993 por Pelle Karlsson.

Diseño de cubierta: CPAD Graphics

ISBN: 1-58802-169-6
Categoría: Liderazgo

Impreso en Brasil
Primera impresión

Índice

Introducción

El Gran Maestro en el Nuevo Pacto es el Espíritu Santo. El papel del hombre es poner en palabras y enfatizar lo que el Espíritu Santo ya está comunicando a cada uno de los que desean escuchar. Así, cuando traten de enseñarle algo, sea de forma hablada o escrita, incluyendo estas páginas, reciba sólo aquello que el Espíritu Santo confirme en su corazón. Él es el maestro y nosotros somos sus estudiantes, no los estudiantes de cualquier hombre o sistema hecho por el hombre. Recordemos lo que dijo Jesús: "Os he dicho estas cosas estando con vosotros. Mas el Consolador, el Espíritu Santo, a quien el Padre enviará en mi nombre, él os enseñará todas las cosas, y os recordará todo lo que yo os he dicho" (Jn. 14:25-26).

Nadie puede asumir este papel o sustituir de manera alguna al Espíritu Santo. Ningún ser humano, cualquiera que sea, tiene una comprensión plena de toda la verdad. Sólo el Espíritu Santo es capaz de comunicar la verdad completa, utilizando diversos modos para hablarnos.

Confíe en la obra del Espíritu Santo en su corazón. Confíe también en su propia habilidad para recibir de Dios a través de su Espíritu. Esta habilidad es parte del nuevo hombre creado dentro de usted a través de la obra de Cristo. Si usa esta habilidad correctamente, lo guiará a una mayor madurez espiritual.

Capítulo I

El pecado original

La infiltración

La Iglesia contemporánea reconoce con frecuencia creciente a ministros, músicos, autores y otros como "personajes", "estrellas", "héroes", "super-pastores", "super-cantantes" y "predicadores populares". ¡Nada de esto está en las Escrituras! Aunque no se usen directamente estas designaciones, se da una atención indebida a personas que ejercen algún liderazgo espiritual, ya que se les ve como "importantes" y "prominentes". En este libro acordamos en referirnos a dicho fenómeno como el síndrome de "fijar la atención en el hombre". Intentaremos explorar este síndrome mostrando su severa repercusión en la efectividad de la Iglesia para la batalla espiritual, que incluso ha llevado a la comunidad cristiana a repetidas situaciones de derrota, debido a que usualmente no se atiende o es mal interpretado.

Pero, ¿por qué no debemos aceptar siquiera una cantidad moderada de "personajes" en la Iglesia? Al fin y al cabo habitamos en la tierra, no en el cielo. Simplemente porque no hay "personajes" o "gente importante" en la obra de Dios; estos no existen a nivel local, ni nacional, ni internacional. El apóstol Pablo hace una poderosa declaración en este sentido cuando se dirige a los corintios y a su tendencia a considerar a algunos dirigentes como más importantes que los demás: "¿Qué, pues, es Pablo, y qué es Apolos? Servidores por medio de los cuales habéis creído; y eso según lo que a cada uno concedió el Señor. Yo planté, Apolos regó; pero el crecimiento lo ha dado Dios. *Así que ni el que planta es algo, ni el que riega sino Dios que da el crecimiento*" (1 Co. 3:5-7, cursiva introducida por el autor). Es una verdad fundamental en las Escrituras. No importa lo que el hombre haga o el nivel de visibilidad que se le haya dado en la Iglesia, en sí mismo no tiene ninguna importancia en la obra de Dios. Todo rendimiento viene del Señor, sin el cual somos del todo incapaces de lograr cualquier cosa de valor espiritual. El síndrome de "fijar la atención en el hombre", sin embargo, tiende a indicar siempre lo contrario: que algunas personas son extremadamente "dotadas" y que se les debe dar gran realce. Esta idea es contraria al propio corazón del reino de Dios y puede perjudicar el Reino. En realidad, el enfoque excesivo que se le ha dado al papel humano en la obra de Dios se ha fortalecido tanto, que se debería hacer el siguiente llamado: ¡DEVOLVAMOS LA IGLESIA AL SEÑOR! No es que en términos literales podamos quitársela, pero a menos que tengamos como prioridad el poner los ojos en el Señor, no seremos esas piedras vivientes por medio de las cuales Dios quiere edificar su casa.

La comprensión de esto, así como de otros aspectos de la guerra espiritual, es esencial para que la Iglesia camine en la victoria de Cristo en este mundo. Al aumentar nuestra comprensión espiritual, también aumenta nuestra eficacia para batallar contra el enemigo, no porque recibamos más poder en nosotros mismos, sino porque vemos el poder y la fortaleza del Señor y descubrimos su destreza para afirmar su victoria a través de la Iglesia.

Primero nos enfocaremos en una estrategia certera que se utiliza mucho en las guerras: la infiltración. En cualquier guerra es recomendable que los contrincantes intenten infiltrarse en el otro bando para así obtener una ventaja. La infiltración significa penetrar en las partes débiles de las líneas enemigas para atacar o intentar tomar control desde el interior. La infiltración se hace en secreto; se intenta ocultar lo que está sucediendo. Se supone que nadie debe saber que el enemigo está presente y que posiblemente ha ganado acceso a los puestos altos. Si uno de los contrincantes tiene éxito al infiltrar al otro, puede rápidamente crear sospecha, desconfianza, división y derrota en el otro.

En el reino espiritual sucede lo mismo. Satanás procura infiltrar el ejército de Dios en la tierra, la Iglesia, para dividirla y conquistarla. Sin descanso, continuamente busca debilidades en las líneas de batalla para poder penetrar en la Iglesia y trabajar desde el interior. Como en cualquier otra guerra, ansía hacer esto en secreto, sin que se descubran sus planes. Su método es el del agente secreto que utiliza nombres ficticios, papeles de identificación falsos, disfraces, mentiras y engaños para lograr la infiltración.

El apóstol Pablo advierte a los corintios acerca de este método de operación del diablo: "porque el mismo Satanás se disfraza como ángel de luz" (2 Co. 11: 14). En Efesios 4, Pablo anima a la Iglesia a hablar con verdad, y a tener cuidado con la amargura, la ira y la calumnia. Entonces exhorta sin titubeos: "ni deis lugar al diablo" (Ef. 4:27). En otras palabras, Pablo nos exhorta a que tengamos prudencia respecto de nuestra conducta como humanos; debemos cuidarnos de la ira y de la calumnia, o el diablo rápidamente se infiltrará y ganará un frente. Pablo establece muy claramente que este es el lugar donde se está librando la verdadera batalla: "Vestíos de toda la armadura de Dios, para que podáis estar firmes contra las asechanzas del diablo. Porque no tenemos lucha contra sangre y carne, sino contra principados, contra potestades, contra los gobernadores de las tinieblas de este siglo, contra huestes espirituales de maldad en las regiones celestes" (Ef. 6:11-12). Satanás está constantemente trazando planes e ideando maneras de infiltrar la Iglesia para poner en duda la Palabra de Dios y obstaculizar el plan de Dios.

Un ejemplo dramático lo encontramos en Mateo 16. Primero Simón Pedro confiesa a Jesús como el Hijo de Dios: "Tú eres el Cristo, el Hijo del Dios viviente", y enseguida le responde Jesús: "Bienaventurado eres, Simón, hijo de Jonás, porque no te lo reveló carne ni sangre, sino mi Padre que está en los cielos. Y yo también te digo, que tú eres Pedro, y sobre esta roca edificaré mi iglesia; y las puertas del Hades no prevalecerán contra ella" (Mt. 16:16-18).

La Escritura sigue diciendo: "Desde entonces comenzó Jesús a declarar a sus discípulos que le era necesario ir a Jerusalén y padecer mucho de los ancianos, de los principales sacerdotes y de los escribas; y ser muerto, y resucitar al tercer día. Entonces Pedro, tomándolo aparte, comenzó a reconvenirle, diciendo: Señor, ten compasión de ti; en ninguna manera esto te acontezca. Pero él, volviéndose, dijo a Pedro: ¡Quítate de delante de mí, Satanás!; me eres tropiezo, porque no pones la mira en las cosas de Dios, sino en las de los hombres" (Mt. 16: 21- 23).

¿Cómo es que un hombre que acaba de ser bendecido por Jesús por su revelación y su comprensión espiritual, repentinamente es reprochado como un instrumento de Satanás? La explicación es simple. Se debió a la falta de comprensión por parte de Pedro respecto a cómo Dios establecería el dominio de Jesús por su muerte en la cruz. Pedro quiso ser gentil y compasivo para así proteger a Jesús de cualquier daño, ¡pero la bondad y la compasión humanas no siempre son efectivas en el reino de Dios! Solamente la perfecta voluntad de Dios puede lograr que se lleve a cabo la obra espiritual. Satanás encontró una puerta abierta y de inmediato trató de infiltrarse en la situación. Fíjese que Jesús se volvió hacia Pedro, pero en realidad le habló a Satanás. Pedro no era Satanás, pero Satanás había utilizado la "bondad" humana de Pedro para oponerse al plan de Dios. Por eso fue que Jesús aclaró que ese pensamiento venía de los hombres y no cosas de Dios. Si Jesús no hubiera estado presente para desenmascarar este intento de infiltración enemiga, esta idea habría permanecido como una opción válida en la mente de Pedro y de los demás.

El blanco de Satanás

Ahora enfocaremos de manera especial el síndrome de "fijar la atención en el hombre" por medio del cual parece que Satanás ha podido infiltrarse grandemente en la Iglesia. El rol del hombre en la obra de Dios ha sido siempre un área que el enemigo ha querido atacar, aun más en nuestra época. Oímos decir con frecuencia que la Iglesia debe estar llena sólo de humildes servidores, y que los dirigentes deberían ser vistos como instrumentos en manos de Cristo, no como poderosos en sí mismos. Pero en la práctica, tanto desde la perspectiva de los pastores como desde la perspectiva de la grey, no siempre es así. Los cristianos muchas veces se confunden acerca de cómo aplicar y recibir liderazgo, y Satanás está siempre presto para sacar ventaja de ello.

Lo primero que notaremos cuando examinamos de cerca el síndrome de "fijar la atención en el hombre" es la gran similitud entre la Iglesia y la industria del espectáculo. En el espectáculo mundial se busca el nombre más conocido y la estrella más famosa para que un proyecto tenga éxito. Lamentablemente, a menudo la misma verdad se aplica en la Iglesia. Al crear eventos cristianos buscamos los artistas y predicadores más conocidos para que el evento tenga éxito. Esto no quiere decir que aquellos que logran atraer multitudes cristianas no sean servidores verdaderos de Dios, ni que no puedan ser usados por Él. Pero intentamos mostrar que el enemigo se ha infiltrado en esta área de la Iglesia y ha creado un sistema que paraliza, en lugar de traer libertad al pueblo de Dios.

Por cierto, pareciera que la misma industria del espectáculo ha sido creada por Satanás para traer alegría y excitación a las personas, dejando fuera a Dios, la verdadera fuente de alegría e inspiración. Por lo tanto, no es extraño que si nosotros seguimos ese patrón, obstruyamos más de lo que ayudamos, pese a intentar servir en el Reino. Se ha caído en un malentendido común entre el pueblo de Dios que si la Iglesia cuenta con hombres y mujeres famosos, que puedan figurar en los titulares y en el noticiero de la noche como lo hacen los personajes del mundo, el reino de Dios es engrandecido. Es casi como si hubiéramos hecho a Dios dependiente de nuestra fortaleza, en vez de aceptar el hecho de que su fortaleza se manifiesta en nuestra debilidad.

Dondequiera que la gente no entiende el principio de la fortaleza de Dios en comparación con la debilidad del hombre, encontrará a personas en busca de héroes. La gente busca ser reconocida o bien encontrar a una persona conocida que puedan admirar. Esta nunca debe ser la actitud en la Iglesia, ya que obstaculiza el dominio verdadero de Jesucristo. Solamente Jesús tiene el derecho de recibir ese tipo de atención: "la cual operó en Cristo, resucitándole de los muertos y sentándole a su diestra en los lugares celestiales, sobre todo principado y autoridad y poder y señorío, y sobre todo nombre que se nombra, no sólo en este siglo, sino también en el venidero; y sometió todas las cosas bajo sus pies, y lo dio por cabeza sobre todas las cosas a la iglesia, la cual es su cuerpo, la plenitud de Aquel que todo lo llena en todo" (Ef. 1:20--23).

La conexión con Lucifer

"¡Cómo caíste del cielo, oh Lucero, hijo de la mañana! Cortado fuiste por tierra, tú que debilitabas a las naciones. Tú que decías en tu corazón: Subiré al cielo; en lo alto, junto a las estrellas de Dios, levantaré mi trono, y en el monte del testimonio me sentaré, a los lados del norte; sobre las alturas de las nubes subiré, y seré semejante al Altísimo. Mas tú derribado eres hasta el Seol, a los lados de abismo" (Is. 14:12-15). Este pasaje acerca del rey de Babilonia también se utiliza como un relato de la caída de Satanás. Él, al principio un ángel de luz, fue arrojado del cielo y se estableció como el mayor enemigo de Dios. Cuando Jesús habló a sus discípulos, en una ocasión planteó: "Yo veía a Satanás caer del cielo como un rayo" (Lc. 10:18). Es probable que Jesús está hablando aquí de lo que vio como testigo ocular de este evento tan notable en la historia eterna.

¿Qué hizo que un ángel de luz fuera despojado de toda su gloria, derribado de su posición y se convirtiera en un acérrimo oponente de Aquel al que una vez sirvió? En el capítulo 14 de Isaías se pone en claro. Fue el orgullo, el deseo de poder y gloria, el deseo de ser exaltado y de ser el centro de atención lo que provocó su caída. Fue por eso que fue arrojado del cielo como rayos y centellas. El orgullo es el pecado original. Satanás intenta hacer que la humanidad repita este pecado una y otra vez. A partir de su propia experiencia, sabe que un Dios justo no puede tolerar esa hambre de poder y gloria, y que este es un modo de destruir la obra y el plan de Dios para las personas y para la Iglesia. Satanás sabe que si puede envolver a los cristianos en el síndrome de "fijar la atención en el hombre", ya sea exaltándose a sí mismos o exaltando a otros, el plan y el propósito de Dios serán obstruidos. No hay lugar para la ambición o el enfoque excesivo en el hombre en la obra de Dios. Cuando surgen estas cosas, no forman parte del Reino, y a veces Dios tiene que detener su obra, aun entre aquellos que una vez fueron llamados y dedicados al verdadero servicio. Satanás entiende esto muy bien. En consecuencia, procura infiltrar la Iglesia en esta área. Su propia experiencia le dice que este es un método efectivo de oponerse al reino de Dios.

Mientras era todavía un ángel de luz fue tan fuerte este deseo dentro de Lucifer de querer ser "como el Altísimo", que no pudo ver que esta actitud era totalmente inaceptable para Dios y que eliminaría por completo cualquier posibilidad de ser verdaderamente como el Altísimo. Lucifer fue cegado por sus motivos impuros. Él deseaba ser como el Altísimo, no para ser justo y santo como Él, sino más bien para tener poder y gloria como Él. Esta actitud está muy extendida en la Iglesia. A veces, los cristianos dicen todas las palabras correctas y hacen todos los gestos correctos, pero ya no con la motivación pura de ver el reino de Dios establecido en la tierra, sino más bien para conseguir gloria, reconocimiento y hasta ganancia personal. Las palabras y las acciones pueden ser idénticas, pero la realidad espiritual está a un mundo de distancia. La Iglesia debe despertar y desarrollar discernimiento en esta área. El síndrome de "fijar la atención en el hombre" debe ser tratado de modo que Lucifer ya no pueda infiltrarse y aterrorizar a la Iglesia de esta manera.

Los síntomas

Los síntomas del síndrome de "fijar la atención en el hombre" son bastante obvios y fáciles de detectar. Tan pronto como encontramos, ya sea directamente o entre líneas, expresiones como "grandes nombres", "personajes", "estrellas", "super-pastores", "evangelistas famosos", "cantantes famosos", "autores de bestsellers", "ungidos", podemos tener la seguridad de que el enemigo ha tratado de infiltrarse o ha logrado infiltrarse en la Iglesia por medio de este síndrome. Cuando la atención se sitúa en la popularidad, la condición, la habilidad o la posición percibida por cualquier persona en la Iglesia, deberíamos estar conscientes de que allí podría haber segundas intenciones, ya sea de parte del "escogido" mismo, o de aquellos que lo han enaltecido en su mente. Aquí es donde la infiltración ocurre. Satanás ha encontrado muchas puertas abiertas en la Iglesia a través de esta actitud. El síndrome de "fijar la atención en el hombre" provee una tierra bien fértil para la diversión demoníaca. Cuando esto ocurre, la gente dice todas las palabras correctas y lleva a cabo todos los gestos religiosos, pero falta el verdadero poder y propósito de Dios. Seamos sinceros, ¿no ocurre así muchas veces con la Iglesia? Sobran las palabras y los gestos religiosos, pero escasea el poder y la autoridad espiritual genuinos.

Es muy posible que el mundo, y en especial la prensa secular, reconozca a cristianos como "personajes importantes", sin entender la obra del reino de Dios. Pero la Iglesia misma nunca debe caer en este comportamiento. Para Dios no hay, ni habrá "personas de gran renombre" o "grandes personajes" en su obra. Él siempre ha llamado a hombres y mujeres para ser humildes servidores. Por supuesto que existen algunas obras mayores o que son más visibles desde una perspectiva terrenal, pero en realidad, cada obra tiene la misma importancia y el mismo valor a los ojos de Él. Dios nunca mira a sus servidores esperando de ellos cierto desempeño y éxito como lo hace el mundo; solamente busca obediencia y humildad de corazón. Un verdadero siervo de Dios que haya captado esta perspectiva eterna, jamás se permitiría convertirse en un "personaje importante", ya sea a sus propios ojos o a los de cualquiera.

La Iglesia está llamada a caminar en la verdad de Dios, y a menos que seamos capaces de desenmascarar y hacer frente a esta área de infiltración satánica, no seremos capaces de caminar en la verdad. Este es un principio fundamental en el reino de Dios. No hay sino un solo "personaje" en el Reino, ¡la Estrella de la Mañana misma! Él ha recibido la atención completa de Dios; se le ha dado toda autoridad en el cielo y en la tierra y un nombre que es sobre todo nombre en este siglo y en el venidero. Él está ahora sentado a la diestra del Padre, como el único digno de recibir toda la gloria ahora y para siempre. Él, y solamente Él, es digno de recibir toda la atención de la Iglesia.

Esto nos lleva a considerar cómo Dios ve el estatus de sus servidores en la Iglesia. Es muy sencillo: Jesucristo (junto con el Padre y el Espíritu Santo) es el número uno. ¡Todos los demás son número dos! Esta verdad sencilla la recibimos a través del Espíritu. Es un antídoto para la Iglesia anémica en el fin de los tiempos.

Cambiemos esta tendencia

Es tiempo de cambiar esta tendencia y alejarnos del síndrome de "fijar la atención en el hombre" que desafortunadamente se ha convertido poco a poco en la norma dentro de la Iglesia. Las filosofías humanistas modernas están entronando cada vez más al hombre, obviando así la necesidad de Dios. Aunque se trate de religión, estas filosofías sirven para apoyar la confianza en la habilidad humana como la auténtica fortaleza. El mundo sostiene que el hombre en su propia inteligencia es capaz de afrontar sus problemas. Hallaremos todo, desde la teoría de "Tú eres tu propio dios," hasta la teoría que dice que un comportamiento decente curará los problemas de la humanidad. Todo esto quita la atención de Dios y la coloca en el hombre.

La Iglesia jamás debe caer presa de este pensamiento. Nunca debe mirar los atributos del hombre ¯la inteligencia, la elocuencia, el encanto, la "alta" posición, el talento musical, las habilidades de liderazgo, la habilidad de memorizar las Escrituras y entender las teorías espirituales¯ y enfocarse en ellos. Todo esto, aunque se haga con gran sinceridad, puede quitar nuestros ojos del Único en que debe estar centrada: Jesucristo. Recuerde cómo el apóstol Pablo, un hombre con gran capacidad de "ostentar" si hubiera querido, se dirige a los corintios: "... cuando fui a vosotros para anunciaros el testimonio de Dios, no fui con excelencia de palabras o de sabiduría. Pues me propuse no saber entre vosotros cosa alguna sino a Jesucristo, y a éste crucificado. Y estuve entre vosotros con debilidad y mucho temor y temblor; y ni mi palabra ni mi predicación fue con palabras persuasivas de humana sabiduría, sino con demostración del Espíritu y de poder, para que vuestra fe no esté fundada en la sabiduría de los hombres, sino en el poder de Dios" (1 Co. 2:1-5).

El apóstol Pablo le restó importancia a su fortaleza humana para poner a Cristo en primer plano. No quiere decir que Dios no use a seres humanos con habilidades especiales, pero si el reflector se enfoca completa o parcialmente en ellos y sus habilidades, ya sea a sus propios ojos o a los de otros, algo no anda bien. Cuando Dios usa a seres humanos para declarar su Palabra y para hablar en su nombre, es siempre con el propósito de exaltar a Jesús. Es entonces que Dios es totalmente libre para lograr su trabajo; de otra manera puede ser que simplemente nos estemos engañando.

Un cambio de dirección en esta área es muy necesario, ya que el síndrome de "fijar la atención en el hombre" contribuye fuertemente a la falta de comprensión de la voluntad de Dios dentro de la Iglesia. Cuando el apóstol Pablo se dirige a los romanos, instándolos a ofrecerse a sí mismos como sacrificios a Dios, también plantea: "No os conforméis a este siglo, sino transformaos por medio de la renovación de vuestro entendimiento, para que comprobéis cuál sea la buena voluntad de Dios, agradable y perfecta" (Ro. 12: 2). Pablo sigue hablando en este capítulo de cuál debe ser la posición del hombre en la obra de Dios, basado en el patrón de Dios y con una mente renovada para entender la voluntad de Dios. Resalta que somos todos miembros de un Cuerpo, y de igual importancia, ya que estamos sujetos a la Cabeza. Este es el patrón que debe prevalecer en la Iglesia. El patrón de este mundo, por otra parte, se centra en la gente "especial" y los convierte en el foco de atención. Para aquellos que no ven al Señor levantado en su gloria, el hombre se convierte en el foco definitivo. Si nos conformamos a este patrón, completa o parcialmente, ocurrirá algo serio: No seremos capaces de distinguir la perfecta voluntad de Dios, ya que nuestra comprensión espiritual estará nublada.

La Iglesia corre en círculos, como quien intenta encontrar la salida de un laberinto, porque no comprende la voluntad, ni el plan de Dios para la situación actual. El síndrome de "fijar la atención en el hombre" ha puesto un velo sobre sus ojos espirituales de modo que no puede "comprobar cuál sea la buena voluntad de Dios". Este síndrome es una parte importante del patrón del mundo y, si se le permite prevalecer, mantendrá a la Iglesia a oscuras espiritualmente. Este es el objeespiritualmente. Este es el objeinfiltrar la Iglesia. Por lo tanto, debemos hacer lo que Pablo plantea a los Romanos: "Transformaos por medio de la renovación de vuestro entendimiento." No podemos pensar como piensa la gente del mundo, porque si lo hacemos, no seremos capaces de distinguir la voluntad de Dios. Esto es esencial para la Iglesia de hoy y la única base para que Dios pueda implementar su plan específico en nuestra época.

Hay que haber un cambio drástico de dirección en esta área. Cualquiera que haya entrado en la Iglesia en una posición de liderazgo, así sea con un porcentaje mínimo de deseo de reconocimiento propio, necesita arrepentirse. El Pueblo de Dios, tan observador en cuanto a quién está detrás del púlpito, debe dejar de mirar a los instrumentos que Dios está utilizando en su Reino. Cualquier otra actitud no hará sino promover la infiltración del enemigo, al esconder de nuestros ojos a Jesús y evitar que comprendamos verdaderamente la voluntad de Dios. De esta manera, la obra que Dios desea hacer a través de la Iglesia es obstaculizada. Es imposible tener una visión completa y correcta de Jesús y mirar al mismo tiempo al hombre de acuerdo con el patrón de este mundo. Sólo podremos levantar la Iglesia y ser cristianos fuertes en estos últimos tiempos si nos centramos totalmente en el Señor sin fijarnos en las personas que Él pueda utilizar en cualquier nivel en su Reino, ya sea nosotros mismos u otros.

Capítulo 2

El mayor

Juan el Bautista

El papel del hombre en la obra de Dios es único. Tenemos un ejemplo práctico de un "gran" servidor del Señor en Juan el Bautista. "Mientras ellos se iban, comenzó Jesús a decir de Juan a la gente: ¿Qué salisteis a ver al desierto? ¿Una caña sacudida por el viento? ¿O qué salisteis a ver? ¿A un hombre cubierto de vestiduras delicadas? He aquí, los que llevan vestiduras delicadas, en las casas de los reyes están. Pero ¿qué salisteis a ver? ¿A un profeta? Sí, os digo, y más que profeta. Porque éste es de quien está escrito: He aquí, yo envío mi mensajero delante de tu faz, el cual preparará tu camino delante de ti. De cierto os digo: Entre los que nacen de mujer no se ha levantado otro mayor que Juan el Bautista; pero el más pequeño en el reino de los cielos, mayor es que él" (Mt. 11:7-11).

Juan el Bautista tuvo una misión particular que se cumplió justamente entre el Antiguo y el Nuevo Testamento. Su vida fue diseñada específicamente por Dios para cumplir esta misión. Jesús habla palabras muy poderosas acerca de él: "De cierto os digo: Entre los que nacen de mujer no se ha levantado otro mayor que Juan el Bautista ..." Es interesante que el mismo Jesús, el cual también nació de una mujer, no tuvo problemas en llamar a Juan "el mayor". Aquellos que tienen un corazón humilde reconocen los méritos de los demás, mientras que aquellos que mantienen un deseo carnal de "grandeza" verán siempre a los demás como la competencia. Recuerde que Jesús fue concebido como un bebé por María, pero en realidad fue engendrado por el Espíritu Santo. "El nacimiento de Jesucristo fue así: Estando desposada María su madre con José, antes que se juntasen, se halló que había concebido del Espíritu Santo" (Mt. 1: 18). Sí, María concibió a Jesús en su vientre, como madre sustituta, pero Jesús fue engendrado sobrenaturalmente por el Espíritu Santo. Jesús posteriormente le da una respuesta bastante interesante a la muchedumbre: "Y la gente que estaba sentada alrededor de él le dijo: Tu madre y tus hermanos están afuera, y te buscan. Él les respondió diciendo: ¿Quién es mi madre y mis hermanos? Y mirando a los que estaban sentados alrededor de él, dijo: He aquí mi madre y mis hermanos" (Mr. 3:32-34). Dios eligió a María para llevar a Jesús en su vientre, pero Él no fue verdaderamente "nacido de mujer" como los demás hombres. Así, Jesús puede decir acerca de Juan que él fue el mayor entre los que nacen de mujer.

¿Habrá llegado a Juan la noticia de que Jesús lo había nombrado como el mayor? Quizás. Sin embargo, Jesús hizo el comentario sobre Juan después que los discípulos de Juan se habían ido. Los envió de regreso a la celda de Juan con el mensaje de lo que Él había hecho, no con el comentario acerca de Juan como un sirviente, el cual Él dio posteriormente a la muchedumbre. La perspectiva de nuestra propia condición en el reino de Dios, es decir, nuestra efectividad en el servicio, cómo nos ven los demás, la gloria y atención que recibamos o no, etc., es siempre un área de atención delicado entre los hombres y las mujeres en la obra de Dios. Una atención mal enfocada aquí, hasta entre las personas más "espirituales", puede disparar la antigua actitud de Lucifer, y destruir totalmente el plan de Dios para la vida de alguien. ¿Será posible que Jesús no envió este mensaje específico a la celda de Juan por esta razón, sino que más bien se centró en su propia obra poderosa? Uno pensaría que un "tú eres el mayor" expresado por Jesús hubiera dado un ánimo tremendo al triste y quebrantado Juan en su celda, pero no es así que se trabaja en el reino de Dios.

A propósito, es muy interesante observar que Jesús no salvó la vida del "mayor entre los que nacen de mujer". Como usted puede recordar, la hija de Herodías había bailado para Herodes en su cumpleaños, probablemente de un modo sugestivo, y él prometió darle cualquier cosa que le pidiera. Debido al pecado que había en su familia, lo que ella solicitó fue la cabeza de Juan el Bautista en una bandeja. ¡Cómo habrá bailado! ¿Jesús podría haber salvado a Juan de ser decapitado por Herodes? ¡Por supuesto! Pero no lo hizo. Y ni siquiera salvó Jesús su propia vida. A los verdaderos siervos de Dios, como Jesús en su ministerio terrenal, Juan, y muchos otros, lo que más les interesa no es estar cómodos y seguros, sino hablar la verdad y hacer la voluntad de Dios, cueste lo que cueste. Esto es lo que crea grandeza en el reino de Dios.

¿Qué estamos buscando?

Jesús hace una pregunta interesante cuando habla a la muchedumbre acerca de Juan el Bautista: "¿Qué salisteis a ver al desierto?" (Mt. 11:7) Siempre que se comunica la Palabra de Dios, hay circunstancias, situaciones y gente involucradas que llaman la atención. Es muy fácil enfocarse en el método de comunicación o más particularmente en el comunicador, en lugar de enfocarse en el mensaje mismo. Había mucho para llamar la atención en la obra de Juan. Jesús preguntó a la gente si lo que esperaba ver era "una caña sacudida por el viento". Juan el Bautista ciertamente se veía como una caña sacudida por el viento al vivir aislado de todos en el desierto. Lo más probable es que al encontrarse bien lejos de cualquier barbería, su cabello fuera largo y desaliñado (a diferencia de muchos de los predicadores de hoy), revuelto salvajemente por el viento del desierto. Su dieta de langostas (grillos) y miel salvaje, era baja en colesterol y grasa. ¡Verdaderamente ha debido parecer una caña sacudida por el viento! Ciertamente no tenía necesidad de asistir a ningún gimnasio local para permanecer esbelto y en forma. Y para ser una "voz que clama en el desierto" a la muchedumbre creciente, debe haber hablado alto y con fuerza. Era verdaderamente un espectáculo para aquellos que deseaban ver a una persona diferente. Hoy en día, seguramente se sacaría más de un artículo sobre la vida de Juan el Bautista titulado "Estilos de vida de los extraños e intachables".

A continuación, Jesús les pregunta si salieron a ver "a un hombre cubierto de vestiduras delicadas". Los expertos de moda de Jerusalén han debido estar confundidos. "Y Juan estaba vestido de pelo de camello, y tenía un cinto de cuero alrededor de sus lomos ..." (Mt. 3:4). ¿Los diseñadores de moda se atreverían a crear una nueva línea de *jeans* de pelo de camello con correa de cuero de rata del desierto para sacar provecho de la popularidad de Juan entre la muchedumbre? Este era ciertamente un nuevo *look* que podría tener gran acogida, pero si hubieran puesto más atención, habrían entendido que no era nada nuevo. En 2 de Reyes, el rey Ocozías había tenido un accidente y consultó a dioses paganos con respecto a la situación. Dios entonces dijo al profeta Elías que reprochara al rey, y Elías dio el mensaje de Dios a los mensajeros del rey. Cuando los mensajeros regresaron, el rey Ocozías les pregunto: "¿Cómo era aquel varón que encontrasteis, y os dijo tales palabras? Y ellos le respondieron: Un varón que tenía vestido de pelo, y ceñía sus lomos con un cinturón de cuero. Entonces él dijo: Es Elías tisbita" (2 R. 1:7-8). Es interesante que el rey no identificó al profeta Elías por el mensaje que este le dio de parte de Dios. Uno pensaría que Ocozías pudiera haberle reconocido simplemente al mirar su propia situación a la luz de esta palabra profética, ya que sabía que Elías era un profeta de Dios. Pero reconoció al profeta cuando le describieron sus vestidos, que eran del mismo estilo que los de Juan el Bautista. Lamentablemente, siempre ha habido una tendencia de fijarse más en la apariencia y las circunstancias externas que en la misma Palabra de Dios.

Jesús continúa diciendo acerca de Juan: "He aquí, los que llevan vestiduras delicadas, en las casas de los reyes están." Para no llevar esto muy lejos, hay una lección de modestia aquí. La iglesia no debería ser un lugar en el que se ostenta lo más nuevo y cotizado, ya sea en cuanto a vestimenta, peinados, música, personajes famosos o cualquier otra área. Cualquier enfoque de este tipo quitará nuestros ojos del Señor y su Palabra y perjudicará el establecimiento del reino de Dios. Como Jesús dijo, si quieres ver ropas finas, ve a los palacios y lugares elegantes del mundo. ¡No vengas aquí!

Muchedumbres vinieron a oír los sermones de Juan el Bautista sólo para mirar a este extraño hombre en el desierto. Pero a menos que le dieran más prioridad a su mensaje que a su apariencia, como hicieron tantos y se arrepintieron, su llegada hubiera sido vana. La misma verdad es válida para la Iglesia hoy. A menos que aprendamos a tratar con el síndrome de "fijar la atención en el hombre", meramente obtendremos una gran cantidad de acción y reacciones con poco o ningún valor espiritual real.

Jesús continúa: "Pero ¿qué salisteis a ver? ¿A un profeta? Sí, os digo, y más que profeta." Aquí es donde Jesús pone el énfasis. Juan fácilmente hubiera podido salir en primera plana debido a su apariencia y su manera de ser. Pero esas cosas eran secundarias. Lo importante acerca de él fue su llamado como profeta, el hecho de que era llamado a hablar la Palabra de Dios a la gente. ¿Qué es tan especial acerca de un profeta? ¿Sus propias habilidades, estilo, ropas u otra cosa? Por supuesto que no. Lo único de importancia es quién lo ha enviado y el mensaje que ha recibido de esa persona para hablar a los demás. Dios no llevó a Juan al desierto para que llamara la atención a sí mismo y rompiera algún récord de asistencia a las dunas. Estaba ahí para hacer la obra de Dios: "Yo envío mi mensajero, el cual preparará el camino delante de mí." Ya que es tan importante que comprendamos esta verdad, repetiremos una vez más lo siguiente: lo especial en esta situación no fue el mensajero, sino el que lo envió y la razón para ello.

Lo único importante de la obra de Juan el Bautista fue el llamado al arrepentimiento que transmitía al pueblo de parte de Dios. Dios lo usó para preparar al pueblo para recibir a su Hijo quien vendría a salvar al mundo del pecado. Ocurrió que Juan fue el escogido como mensajero para hacer algunos anuncios importantes en un momento crucial en el plan de Dios. Pero su estilo desértico, sus vestidos ásperos, su tono de voz, etc., no eran significativos en sí mismos. Lo único significativo era el mensaje de Dios que impartía al pueblo.

La Iglesia de hoy debe hacerse esta pregunta: ¿Qué salimos a ver? ¿Cuál es el foco de nuestra atención al congregarnos, hacer conferencias, conciertos, seminarios, grupos de oración, de hogar, etc.? ¿Es sólo para ver a Jesús y para oír su Palabra? ¿O nos hemos ocupado indebidamente con el estilo y los atributos de los hombres y las mujeres que Él ha elegido como mensajeros? ¿Lo que nos atrae es la Palabra pura de Dios o la elocuencia del mensajero, su estilo, su talento musical o cualquier otra cosa que pudiera atraer a una muchedumbre?

Esto es algo sumamente importante que determina el nivel de espiritualidad en la Iglesia. Con frecuencia se sobrevalora la importancia de los mensajeros. Si contamos con un orador o cantante "solicitado" podemos llenar iglesias y auditorios hasta el borde. Por otra parte, si anunciáramos que la única característica de cierta reunión es que los presentes tendrán comunión íntima con Jesús, quizás no tendríamos que preocuparnos acerca de tener suficientes puestos de estacionamiento ni un recinto lo suficientemente amplio para la muchedumbre amontonada. Por favor, comprenda que no estamos diciendo que está mal que alguien sea conocido por llevar la Palabra de Dios y que de ese modo sea capaz de atraer a la muchedumbre. Eso es lo que hizo Juan el Bautista. Pero es muy fácil quitar los ojos del que inspira el mensaje y fijarla en el mensajero que trae el mensaje.

Es herejía completa pensar que avanzamos el reino de Dios cuando generamos entusiasmo en cuanto a los mensajeros de Dios y los elevamos a un nivel especial. Recuerde, la fortaleza de Dios se manifiesta en nuestra debilidad, no al contrario. Y el síndrome de "fijar la atención en el hombre" perjudica en gran manera este principio espiritual tan importante. El mundo, no conociendo a Dios en su poder y gloria, verá siempre gente "importante" como el foco de atención. Pero es una tragedia absoluta cuando la Iglesia cae en la misma trampa.

Recibiendo al Mayor

El tema de quién es el importante entre los hombres es, y siempre será, un tema delicado en tanto que haya hombres y mujeres en la tierra con tentaciones carnales. Recuerde a los discípulos de Jesús en Marcos 9: "Y llegó a Capernaum; y cuando estuvo en casa, les preguntó: ¿Qué disputábais entre vosotros en el camino? Mas ellos callaron; porque en el camino habían disputado entre sí, quién había de ser el mayor" (Mr. 9:33-34).

Tristemente, este no fue el único momento en la historia de la cristiandad en que esta disputa se presentó. Repetimos, Lucifer sabe que esta actitud, la que provocó su caída, es un método muy efectivo de paralizar a los cristianos. La Iglesia se ha llenado con un sinnúmero de preguntas innecesarias. ¿Quién es más popular? ¿Quién tiene la iglesia más grande? ¿Quién es el orador más elocuente? ¿Quién escribió el libro de mayor venta? ¿Quién tiene la canción no. 1? ¿Quién recibe las ofertas más grandes? ¿Quién se ve bien en televisión? ¿Quién recibe premios especiales? ¿Quién atrae la mayor cantidad de personas? Hasta preguntamos: ¿Quién gana más almas? Respuesta: ¡¿A quién le importa?! Ciertamente a Dios no. Su Palabra muestra claramente que a Él no le interesan las competencias de popularidad ni los récords de asistencia. De acuerdo, la Biblia habla de algunas personas que eran más conocidas que otras y ciertas congregaciones que eran mayores que otras. Sin embargo, la atención nunca se centra en estas cosas. Pero, ¿al menos le interesará a Dios cuántas almas están ganando los predicadores? ¡Por supuesto! Le interesa tanto que permitió que su Hijo muriera en una cruz para salvar a los perdidos. Pero no le interesa simplemente para crear estadísticas y de ese modo elevar ciertas personas u obras por encima de otros.

Cuando Jesús preguntó a los discípulos acerca de su disputa, ellos se quedaron callados porque sabían que habían hecho mal. Actuaron como niños cuya inmadurez los llevó a un callejón sin salida. Simplemente no hubo excusa, ninguna explicación, nada que decir. Esto es lo que la Iglesia necesita experimentar una ,y otra vez: un silencio sagrado, mediante el cual nos abstenemos de excusas y explicaciones que de cualquier manera son tontas. De hecho, debe haber un cierto sentido de vergüenza sobre cualquier pensamiento de grandeza entre los hombres cuando estamos frente a un Dios omnisciente y todopoderoso. A la luz de su grandeza, el síndrome de "fijar la atención en el hombre" es un pecado que tiene que ser tratado a través del arrepentimiento. Jesús continúa entonces dando a sus discípulos una lección rápida y precisa en cuanto a la obra de Dios y la madurez espiritual. "Entonces él se sentó y llamó a los doce, y les dijo: Si alguno quiere ser el primero, será el postrero de todos, y el servidor de todos" (Mr. 9:35).

Cuando Lucas relata el mismo incidente escribe: "Y Jesús, percibiendo los pensamientos de sus corazones, tomó a un niño y lo puso junto a sí, y les dijo: Cualquiera que reciba a este niño en mi nombre, a mí me recibe; y cualquiera que me recibe a mí, recibe al que me envió; porque el que es más pequeño entre todos vosotros, ése es el más grande" (Lc. 9:47-48). Ponga especial atención en lo que ocurre aquí. Jesús, comprendiendo sus pensamientos carnales, utiliza una ilustración: pone frente a ellos a un niño, la expresión misma de la debilidad, la humildad y la carencia de fortaleza propia. Pero Jesús no dice: "Den la bienvenida a este niño pequeño porque es tan humilde y débil en sí mismo." No, Él dice: "Cualquiera que reciba a este niño en mi nombre, a mí me recibe." En otras palabras, el foco de atención no debe ser los atributos de una persona, aunque estos sean espiritualmente correctos, sino en Jesús mismo. Y por supuesto, Jesús ciertamente estará presente con alguien que está caminando en verdadera dependencia en Él. Cuando confiamos en su fortaleza, verdaderamente le damos la bienvenida a Jesús, "porque el que es más pequeño entre todos vosotros, ése es el más grande." Los "menores entre nosotros" han negado su propio yo carnal, se han sumergido en Jesús, y por lo tanto llevan su grandeza adondequiera que vayan. Estos verdaderamente son los mayores entre nosotros.

Así, la pregunta nunca debiera ser: "¿Quién hace el mejor trabajo para Dios?" Debería siempre ser: "¿Qué está haciendo el Señor a través de ...?" Y cuando nos centramos en la gran obra de Jesús, el instrumento humano viene a ser algo secundario. "Cualquiera que reciba a..., a mí me recibe." Es aquí que nuestra atención debe estar siempre; debemos buscar a Jesús en cualquier situación, no al mensajero que Él utiliza.

La prueba "Juan el Bautista"

Encontramos una situación en Juan 3 que, en cuanto a actitudes, ha sido repetida incontables veces en la historia de la Iglesia. Los discípulos de Juan vinieron y le dijeron: "... Rabí, mira que el que estaba contigo al otro lado del Jordán, de quien tú diste testimonio, bautiza, y todos vienen a él" (Jn. 3:26). La competencia, una gran expresión del síndrome de "fijar la atención en el hombre", estaba ahí en el hombre carnal desde el inicio del Nuevo Testamento. Los discípulos de Juan obviamente se molestaron por el hecho de que Jesús atraía multitudes más grandes que Juan. Y recuerde que probablemente todavía no entendían quién era Jesús verdaderamente. Para ellos Jesús era sólo otro predicador que había llegado al pueblo y que se había vuelto más popular entre la gente. ¡La competencia! ¿Qué deberían hacer ahora que un predicador tan popular estaba atrayendo a las grandes muchedumbres? ¡Podría hasta tener un impacto en la canasta de las ofrendas! Siempre que permitimos que prevalezca el síndrome de "fijar la atención en el hombre", estos pensamientos se tornan grandes e importantes. Sin embargo, cuando se desenmascara la infiltración del enemigo a través de este síndrome, ya a nadie le importa. Esto es exactamente lo que Dios quiere. ¿Qué importa quién tiene los grupos más grandes y las mayores estadísticas? La única estadística que cuenta en el reino de Dios es el Libro de la Vida, el cual no puede ver ni inspeccionar cualquier hombre u organización humana.

Cuando aprendemos a quitar al hombre del punto central, nuestra alma cansada puede descansar de la noción de que hay algo que necesitamos defender, preservar y mantener. ¡No necesitamos mantener nada para Dios! Es imposible que lo hagamos, no importa cuánto lo intentemos. Cuando entendamos verdaderamente cómo trabaja Dios, veremos que toda la energía y el poder emana de Él y que es natural que Él reciba toda la gloria y la atención. Al darnos cuenta de esto, podremos enfocar correctamente el papel del hombre. Entonces dejaremos de preocuparnos sobre la competencia, ya que el hombre es simplemente un instrumento en las manos de Aquel contra el que nadie puede competir de ninguna manera.

Juan responde a esta situación como un verdadero "gran siervo" de Dios. "No puede el hombre recibir nada, si no le fuere dado del cielo" (Jn. 3:27). Esta debe ser la visión de todo verdadero siervo de Dios. No tengo nada, no puedo hacer nada, no soy nada por mi mismo. Todo lo que se logre a través de la vida de alguien es resultado de aquello que ha sido dado del cielo, nada más. De nuevo vemos que el foco de atención es el Dador y no el regalo o el instrumento que este utiliza. Esta es una lección tanto para los que predican desde el púlpito como para los que escuchan la predicación. Siempre que Dios usa a alguien de manera especial, en un nivel más visible que a otros, debemos reaccionar así: él/ella no tiene nada, no puede hacer nada, no es nada sino por la mano de Dios que obra en él/ella. Y si es así, ¿por qué entonces se da tanta atención al instrumento humano? Si aprendemos esta lección, podemos verdaderamente disfrutar y estar agradecidos por aquellos que Dios ha elegido usar en su ministerio. Su trabajo fiel nos lleva a mirar más allá de ellos mismos, a Cristo, el Dador de Vida.

Juan continúa testificando acerca de Cristo y entonces hace una declaración que nos gustaría llamar la prueba "Juan el Bautista", (la prueba "JEB"): "Es necesario que él crezca, pero que yo mengüe" (Jn. 3:30). Esta es una prueba que cualquier siervo verdadero de Dios debe poder pasar. Confronta cada fibra de nuestro ser carnal. Decrecer, disminuir en un mundo donde el poder, la gloria y el éxito están de moda. Aunque Juan profetizó claramente que Jesús era el Cristo, seguramente habrá sido tentado a competir con Jesús. Y habría sido mucho más acorde a la carne en todos nosotros si Juan en lugar de lo que dijo, hubiera dicho: "¡Tiene que crecer, y tengo yo que crecer también con Él para ser verdaderamente algo grande en su Reino!" Pero las cosas no funcionan así en el reino de Dios.

Ciertamente es más fácil pasar la prueba "JEB" cuando usted se compara con Jesucristo. Al fin y al cabo, ¿quién sería tan torpe como para pensar que es mayor que Él? ¿Pero qué acerca de los que Jesús ha elegido usar? Recuerde que Juan conoció a Jesús como una persona de carne y hueso, y confrontó la cuestión de la competencia de una manera tangible. Hoy vemos a Jesús y su ministerio mediante su obra a través de otras personas. Debemos entonces estar dispuestos a decir también: "Tiene que crecer, aun a través de otros, y yo debo menguar." Si el razonamiento de Juan es verdadero, que nadie puede recibir nada si no le es dado del cielo, ¿qué acerca de los dones que Dios ha dado a otros que aparecen como "mayores" y "mejores"? Parece haber una comprensión bastante buena de la necesidad de dar toda la gloria a Dios, pero no tanta disposición a permitir que Dios logre su trabajo de cualquier modo y a través de cualquiera que Él quiera. A veces la Iglesia pareciera decir: "Oremos para que la gloria de Dios brille por toda la tierra, ¡pero asegurémonos de que no sea a través del hermano fulano, del ministerio de mengano o la iglesia de enfrente!" Bien, tal vez nuestra actitud no llegue hasta ese punto, pero tales tendencias definitivamente se presentan dentro de la Iglesia. Si, sabemos que estamos aquí para dar toda la gloria a Dios, pero pareciera que hay bastante competencia en cuanto a quién sostendrá el anuncio más grande que diga: "¡Da toda la gloria a Dios!"

La prueba "JEB" soluciona todo esto. Cuando la carne es crucificada en esta área, Dios es libre para hacer su obra. La actitud correcta es muy sencilla: Dios, haz tu obra a través de quien quieras, cuando quieras, donde quieras. Glorifica tu nombre solamente y ninguno más, incluyendo el mío. El Espíritu Santo es el Director que nos lleva a través de la prueba "JEB". Si pasamos la prueba, nos guiará a mayores y mejores cosas. Sí, mayores y mejores porque no las usaremos para nuestra propia gloria. Si no pasamos la prueba, tendremos que tomar esta clase vez tras vez. A veces parece que esto es lo que la Iglesia hace la mayor parte del tiempo. Dios tiene muchas cosas mayores y mejores ya preparadas para la Iglesia hoy. Podemos caminar en estas buenas obras "las cuales Dios preparó para que anduviéramos en ellas" sólo si tenemos la misma actitud hacia nosotros mismos y hacia los demás que tuvo Juan el Bautista.

La perspectiva eterna

Cuando tratamos con la cuestión de la posición del hombre en la obra de Dios en la tierra, debemos tener una perspectiva eterna. Un malentendido común, aun entre cristianos, es que permanecemos en la tierra por setenta años aproximadamente, para intentar alcanzar tanto como podamos en la escala de éxito humano, y evitar un desempeño mediocre o el fracaso completo. Así como Dios quiere nuestra vida en la tierra para algo, debemos entender también que inmediatamente después del nuevo nacimiento en Cristo comenzamos a prepararnos para una posición eterna. Esta preparación es mucho más importante que nuestras preocupaciones terrenales. No es algo secundario, ya que nos preparamos para toda la eternidad, en comparación con sólo la pequeña fracción de tiempo que es nuestra vida en la tierra. Esta perspectiva es importante para que entendamos cómo trata Dios con nosotros en este mundo. Y descubriremos que gran parte de lo que a los ojos del mundo es positivo, Dios lo ve como negativo, y viceversa. Al tener esta perspectiva, veremos una correlación definitiva entre nuestra vida cristiana aquí en la tierra y nuestra posición en la eternidad.

Vamos a explorar dos aspectos diferentes de nuestra vida cristiana. En primer lugar: la salvación del pecado, y en segundo lugar: el servicio para Cristo en la tierra. Estos son dos aspectos de nuestra vida cristiana que van de la mano, pero que también son muy diferentes. La salvación del pecado no tiene nada que ver con nuestro propio trabajo, mientras que el servicio para Cristo sí involucra nuestro trabajo. La Biblia está llena de escrituras que nos instan a confiar en la obra terminada de Cristo para recibir nuestra salvación. Pero está también llena de instrucciones de cómo hacer buenas obras para servir a Cristo en la tierra.

A veces confundimos las dos cosas. Mucha gente piensa que para ser salva necesita hacer buenas obras y ser suficientemente buena para Dios a través de sus propias obras. Otros mantienen que todo es por gracia, así que dejémonos salvar, siéntate y relájate mientras el Espíritu Santo, los ángeles y los cristianos celosísimos se encargan de hacer la obra que necesita ser hecha por la Iglesia.

Examinemos un poco más de cerca estos dos puntos. La salvación del pecado es un regalo de Dios y puede ser recibido sólo por fe. Cuando la humanidad esté un día ante Dios para determinar dónde va cada uno a pasar la eternidad, solamente una pregunta será importante: "¿Creí en Cristo y confié en su obra de salvación?" El amor que Dios mostró a través de la sangre de Jesús es el único pago por nuestro pecado. Aquí es donde comienza la nueva vida; esta no depende de nuestras obras.

Sin embargo, cuando se trata de nuestro servicio a Dios en la tierra, las reglas cambian.

Después de que hemos recibido nueva vida por la fe en Jesucristo, Dios intenta usarnos para sus propósitos durante nuestra vida. Podemos ya sea cooperar con Él o rehusarnos a participar. Es en este particular que "nuestros" trabajos son importantes. Muchos han recibido el regalo de la salvación, pero lo llevan solamente como un boleto de entrada en su bolsillo, para sacarlo cuando se encuentren a la puerta del cielo algún día. Si, serán salvos para la eternidad, pero tienen muy poco valor para el reino de Dios en la tierra. Han recibido gracia y poder de Dios para salvación, pero en un sentido han rechazado su gracia y poder para el servicio durante su estancia en el mundo.

El apóstol Pablo habla acerca de Cristo como el único fundamento sobre el cual podemos construir, y hace una declaración muy importante: "Y si sobre este fundamento alguno edificare oro, plata, piedras preciosas, madera, heno, hojarasca, la obra de cada uno se hará manifiesta; porque el día la declarará, pues por el fuego será revelada; y la obra de cada uno cuál sea, el fuego la probará. Si permaneciere la obra de alguno que sobreedificó, recibirá recompensa. Si la obra de alguno se quemare, él sufrirá pérdida, si bien él mismo será salvo, aunque así como por fuego" (1 Co. 3:12-15). Tenemos la oportunidad en la tierra de construir sobre el fundamento de Cristo con oro, plata y piedras preciosas. Estos materiales representan valores espirituales sólidos y resistentes al fuego. Pero estamos también tentados constantemente a utilizar madera, heno y paja en su lugar, que representan comportamientos mundanos, carnales y que se queman rápidamente. De hecho, estos son los únicos materiales que podemos usar si no escogemos adrede los materiales de calidad espiritual sólida. Cuando entremos al cielo un día, por la fe en Jesús solamente, tendremos que enfrentar esta prueba de "nuestro" trabajo. El fuego nos traerá recompensa o nos mostrará que apenas hemos entrado al cielo, como lo describe esta Escritura. Es obvio que habrá cristianos que serán ciudadanos del cielo pero que no tendrán nada de su trabajo en la vida que pase la prueba del fuego y que puedan presentar a Dios para recibir una recompensa.

El apóstol Pablo también enseña algunas cosas en la segunda carta a los Corintios a los que todos los cristianos deberían prestar gran atención. Acaba de hablar sobre el hecho de vivir en la tierra (en el cuerpo) en comparación con alcanzar el objetivo final del creyente: llegar al cielo. Entonces hace una declaración muy importante: "Por tanto procuramos también, o ausentes o presentes, serle agradables. Porque es necesario que todos nosotros comparezcamos ante el tribunal de Cristo, para que cada uno reciba según lo que haya hecho mientras estaba en el cuerpo, sea bueno o sea malo" (2 Co. 5:9-10). Este tribunal de Cristo es nuestra "graduación", el momento en que pasamos de nuestro servicio para Cristo en la tierra a nuestro reinado con Él en la eternidad. Allí recibiremos nuestra "tarjeta de puntuación", la cual mostrará cuál ha sido nuestro desempeño en la tierra. Esta es la misma ocasión que "el Día" del cual acabamos de discutir. Será un tiempo de honradez total cuando cada cristiano estará ante el Señor y recibirá una evaluación completa de su trabajo en la vida desde la perspectiva de Cristo. Es como si pasaran un vídeo instantáneo de nuestro trabajo en la tierra. Esta vez no es la obra, la fidelidad y la obediencia de Cristo lo que va a ser escudriñado, que es el caso cuando se determinará quién está autorizado a entrar en el cielo. Recuerde, podemos entrar en la presencia de Dios porque Él nos mira a través de la obra perfecta de Jesús. Pero en el tribunal de Cristo, es nuestro trabajo, nuestra fidelidad y nuestra obediencia lo que será evaluado. Nuestras prioridades en la vida cambiarían completamente si entendiéramos la importancia de este evento. Esta verdad también se enfatiza marcadamente en Apocalipsis: "Oí una voz que desde el cielo me decía: Escribe: Bienaventurados de aquí en adelante los muertos que mueren en el Señor. Si, dice el Espíritu, descansarán de sus trabajos, porque sus obras con ellos siguen" (Ap.14:13). Esta porción se cita frecuentemente con respecto a los cristianos que ya están con el Señor, cuando recordamos sus obras en la tierra y damos gracias a Dios por su fidelidad. Sin embargo, es importante entender que todos nuestros hechos nos seguirán, tantos los buenos como los malos, y tendrán que pasar por la prueba del fuego. Además del tribunal de Cristo, el apóstol Pablo también habla acerca del tribunal de Dios. "Pero tú, ¿por qué juzgas a tu hermano? O tú también, ¿por qué menosprecias a tu hermano? Porque todos compareceremos ante el tribunal de Cristo. Porque escrito está: Vivo yo, dice el Señor, que ante mí se doblará toda rodilla, Y toda lengua confesará a Dios" (Ro. 14:10-11). Mientras algunos sostienen el punto de vista que el tribunal de Dios y el tribunal de Cristo son lo mismo, también parece que se puede tratar de dos ocasiones diferentes. Aquí en Romanos, Pablo dice que cada rodilla se doblará y toda lengua confesará, que es más o menos la misma frase que utiliza en el pasaje conocido de Filipenses. En ambos pasajes, está citando al profeta Isaías: "Por mí mismo hice juramento, de mi boca salió palabra en justicia, y no será revocada: Que a mí se doblará toda rodilla, y jurará toda lengua. Y se dirá de mí: Ciertamente en Jehová está la justicia y la fuerza; a él vendrán, y todos los que contra él se enardecen serán avergonzados. En Jehová será justificada y se gloriará toda la descendencia de Israel" (Is. 45:23-25). Pareciera que ese tribunal de Dios puede ser el momento en que cada ser humano estará ante Él y será sentenciado al cielo o al infierno: "...y todos los que contra él se enardecen serán avergonzados. En Jehová será justificada y se gloriará toda la descendencia de Israel." El tribunal de Cristo, por otra parte, es para aquellos que han entrado al cielo por gracia; estando allí, será probado su trabajo en la tierra.

El tribunal de Cristo es lo que nosotros los cristianos deberíamos tener en cuenta en todo lo que hacemos, mucho más que nuestras evaluaciones humanas de desempeño, contiendas de popularidad, premios, listados, reconocimientos especiales, etc. Ninguna de estas contará en el tribunal de Cristo. Seremos juzgados según otro conjunto de valores, que es lo que el Espíritu Santo intenta enseñarnos durante toda la vida. Teniendo esto en cuenta, Pablo asevera que nuestro objetivo principal en la vida debería ser simplemente "complacerle" a Él, en vez de agradarnos a nosotros mismos con las actividades cristianas, o quizás agradar a otros cristianos, al liderazgo cristiano, a la denominación, a nuestra iglesia local, etc. Aquí es donde numerosos creyentes cometen errores. Se preocupan demasiado por su reputación ante la gente. Los inquieta cómo los ve la gente, y no cómo los ve el Señor. Como resultado, todo su trabajo en la vida estará acorde con esta actitud. De hecho, algunos dirigentes cristianos son iguales a los políticos en lo que a esto respecta: se preocupan mucho por lo que revelan las últimos encuestas acerca de su popularidad entre la gente. Entonces hemos regresado al síndrome de "fijar la atención en el hombre", debido a que nos centramos en nosotros mismos y en otros, pero olvidamos concentrarnos en lo que le complace a Él. Es imposible complacer al Señor con corazón sincero y al mismo tiempo entregarnos a este síndrome. Estas dos actitudes no pueden existir juntas. Todo esto se mostrará ante el tribunal de Cristo, donde las recompensas y los reconocimientos humanos podrían ser poco más que leña.

Por ejemplo, aun las buenas obras, si son hechas con motivos malos, anularán nuestra recompensa celestial. Escuchemos a Jesús: "Guardaos de hacer vuestra justicia delante de los hombres, para ser vistos de ellos; de otra manera no tendréis recompensa de vuestro Padre que está en los cielos" (Mt. 6:1). Lo principal en el tribunal de Cristo será básicamente lo bien que trabajamos para servir, promover y glorificar a Cristo, y sólo a Él en la tierra. O, si usted prefiere, qué tanto disminuimos, para que Él aumentara en nuestra vida y pudiera hacer su trabajo a través de nosotros.

Otro aspecto interesante del Día del Señor es anunciado a través del profeta Isaías, y se aplica tanto al tribunal de Cristo como al tribunal de Dios: "Porque día de Jehová de los ejércitos vendrá sobre todo soberbio y altivo, sobre todo enaltecido, y será abatido; sobre todos los cedros del Líbano altos y erguidos, y sobre todas las encinas de Basán; sobre todos los montes altos, y sobre todos los collados elevados; sobre toda torre alta, y sobre todo muro fuerte; sobre todas las naves de Tarsis, y sobre todas las pinturas preciadas. La altivez del hombre será abatida, y la soberbia de los hombres será humillada; y solo Jehová será exaltado en aquel día. Y quitará totalmente los ídolos. Y se meterán en las cavernas de las peñas y en las aberturas de la tierra, por la presencia temible de Jehová, y por el resplandor de su majestad, cuando él se levante para castigar la tierra. Aquel día arrojará el hombre a los topos y murciélagos sus ídolos de plata y sus ídolos de oro, que le hicieron para que adorase, y se meterá en las hendiduras de las rocas y en las cavernas de las peñas, por la presencia formidable de Jehová, y por el resplandor de su majestad cuando se levante para castigar la tierra. Dejaos del hombre, cuyo aliento está en su nariz; porque ¿de qué es él estimado?" (Is. 2:12-22). Aquí se da gran énfasis al hecho de que en ese día todo orgullo y arrogancia entre los hombres será reducido, y sólo el Señor será exaltado. El versículo 22 es de particular interés, señalando que el hombre es solamente un soplo en el plan mayor de Dios, y que no debemos poner nuestra confianza ni una atención indebida en él.

Recompensas en el cielo

Las recompensas para los cristianos "a prueba de fuego" que pasen la prueba del tribunal de Cristo, son diferentes "trabajos" en la eternidad. No podemos ganar nuestra salvación, pero parece que podemos ganar diferentes posiciones en la eternidad en base a nuestra fidelidad y nuestra perseverancia en la tierra. "Palabra fiel es esta: Si somos muertos con él, también viviremos con él; Si sufrimos, también reinaremos con él" (2 Ti. 2:11-12). Las Escrituras hablan muy claramente sobre la igualdad de todos frente a la salvación del pecado, pero no todo el mundo tendrá la misma posición en la eternidad.

Nuestra vida para Cristo en la tierra representa sólo un currículo para solicitar trabajo en la eternidad.

El que haya tenido una vida llena de verdaderos valores espirituales obtendrá un mejor trabajo. Es tan simple como eso. Sin embargo, se debería entender claramente que esas recompensas de "posición especial" serán recibidas y mantenidas completamente sin competencia, alarde o celos, como los tenemos aquí en la tierra. Tales expresiones carnales no son parte del Reino celestial. Estas recompensas serán solamente para servir y glorificar más al Señor, no como trofeos de uno frente a otro.

Encontramos una situación en Mateo 20 que ilustra las diferentes posiciones en el Reino celestial, así como el comportamiento humano típico en la tierra. "Entonces se le acercó la madre de los hijos de Zebedeo con sus hijos, postrándose ante él y pidiéndole algo. El le dijo: ¿Qué quieres? Ella le dijo: Ordena que en tu reino se sienten estos dos hijos míos, el uno a tu derecha, y el otro a tu izquierda. Entonces Jesús respondiendo, dijo: No sabéis lo que pedís. ¿Podéis beber del vaso que yo he de beber, y ser bautizados con el bautismo con que yo soy bautizado? Y ellos le dijeron: Podemos. El les dijo: A la verdad, de mi vaso beberéis, y con el bautismo con que yo soy bautizado, seréis bautizados; pero el sentaros a mi derecha y a mi izquierda, no es mío darlo, sino a aquellos para quienes está preparado por mi Padre" (Mt. 20:20-23). De nuevo, esta es una situación típica donde unas personas buscaron una posición destacada en el Reino. Jesús, discerniendo su falta de comprensión en esta área ("No sabéis lo que pedís."), inmediatamente les hace saber que las cosas no funcionan así en el Reino celestial. Las posiciones las otorga sólo el Padre de acuerdo a su sistema de valores. Este sistema es completamente diferente al del mundo. No debemos buscar poder, posición y prestigio para nosotros mismos o alentar estos en otra persona; si lo hacemos, habremos fallado a los ojos de Dios. El Señor intenta, una y otra vez, enseñarnos el orden correcto de prioridades. El primero será el último y el último será el primero.

Es también muy interesante estudiar el mensaje que Jesús da a las siete iglesias a través del apóstol Juan en Apocalipsis. Juan vio a Jesús en su estado glorificado, probablemente muy parecido a la manera en que lo veremos en su tribunal. "Y me volví para ver la voz que hablaba conmigo; y vuelto, vi siete candeleros de oro, y en medio de los siete candeleros, a uno semejante al Hijo del Hombre, vestido de una ropa que llegaba hasta los pies, y ceñido por el pecho con un cinto de oro. Su cabeza y sus cabellos eran blancos como blanca lana, como nieve; sus ojos como llama de fuego; y sus pies semejantes al bronce bruñido, refulgente como en un horno; y su voz como estruendo de muchas aguas. Tenía en su diestra siete estrellas; de su boca salía una espada aguda de dos filos; y su rostro era como el sol cuando resplandece en su fuerza" (Ap. 1:12-16). Jesús le dice a Juan que escriba siete mensajes específicos a siete iglesias. Estas fueron palabras de aliento así como palabras de fuerte reproche por un comportamiento injusto. El Señor habla siempre la verdad, y así deberíamos hacerlo nosotros. Hay un peligro constante en la Iglesia de intentar enfocar las cosas de manera "positiva" en vez de corregir asuntos que para Dios son muy serios. Es muy importante poder discernir y corregir los aspectos negativos de la vida de la Iglesia. Estas cartas de Jesús son una poderosa prueba de eso.

Veamos una declaración particular que hizo aquí el Señor, a la luz de nuestro estudio con respecto a la perspectiva eterna y las recompensas celestiales. En cada una de estas cartas, que se encuentran en los capítulos 2 y 3 de Apocalipsis, Jesús hace la misma declaración: "el que venza..." o "Para el que venza ...". Siguiendo esta declaración se encuentran diferentes promesas en diferentes cartas, tales como: tendrá el derecho de comer del árbol de la vida; no será lastimado por la segunda muerte; recibirá el maná oculto; será una columna en el templo de Dios; tendrá el derecho de sentarse con Jesús en su trono; es seguro que su nombre nunca será borrado del libro de la vida, etc. Todas estas promesas parecen estar relacionadas con la gloria de alcanzar el cielo por la gracia de Dios y el poder disfrutar los beneficios de tal existencia, es decir, los derechos y privilegios de cualquier ciudadano del Cielo. Sin embargo, en su mensaje a la iglesia en Tiatira, Jesús se explaya en su declaración sobre los vencedores, al indicar que tendrán un papel diferente en el Reino celestial: "Al que venciere y **guardare mis obras hasta el fin** yo le daré autoridad sobre las naciones, y las regirá con vara de hierro, y serán quebradas como vaso de alfarero; como yo también la he recibido de mi Padre; y le daré la estrella de la mañana" (Ap. 2:26-28, negritas introducidas por el autor). La declaración utilizada en los mensajes a todas las iglesias, "el que venza", está directamente relacionada con la obra terminada de Jesús en la cruz: "Y ellos le han vencido (a Satanás) por medio de la sangre del Cordero y de la palabra del testimonio de ellos, y menospreciaron sus vidas hasta la muerte" (Ap. 12:11). Nos hacemos ciudadanos del cielo por la sangre de Jesús y nuestra confesión de fe en su obra terminada. Cualquiera que entre al cielo lo hará como un vencedor basado en este solo hecho. El vencer al pecado y ganar el cielo nada tiene que ver con nuestras obras, solamente con la de Cristo. Pero la declaración adicional en el mensaje a Tiatira dice: "y guardare mis obras hasta el fin", "los que se mantengan hasta el final haciendo lo que me agrada" (La Biblia al día, paráfrasis), añade otra dimensión de autoridad y posición especial para el hombre en el Reino celestial. "Al que venciere... yo le daré autoridad sobre las naciones... como yo también la he recibido de mi Padre..." Parece que esto está directamente relacionado con el sistema de recompensas de Dios. Podemos vencer solamente por la sangre del Cordero. Pero el hacer su voluntad y su obra hasta el fin, (lo cual sólo es posible a través del poder del Espíritu Santo) requiere acción y esfuerzo adicionales de nuestra parte. Y esta clase de servicio fiel en la tierra parece ser recompensado de manera especial en el cielo. Por esto es que Jesús promete no solamente los beneficios "generales" de ciudadanía celestial, sino posición y autoridad especiales a estas personas.

Además, Jesús plantea: "y le daré la estrella de la mañana." Este es el título utilizado en Isaías 14, el cual, como se discutió anteriormente, muchos consideran ser un relato de la caída de Satanás de su posición angda de Satanás de su posición ang oh Lucero, hijo de la mañana!"

Como resultado, Satanás se conoce por otros nombres, tales como destruidor, dragón, serpiente, dios de este siglo, etc. Cuando Jesús termina la revelación a Juan, utiliza este título de "Estrella de la Mañana" para sí mismo: "Yo soy la raíz y el linaje de David, la estrella resplandeciente de la mañana" (Ap. 22:16). Jesús ha derrotado completamente a Satanás y ha tomado posesión de toda la autoridad y de toda la gloria. Y cuando se dirige a las siete iglesias, parece indicar que la gloria de la "estrella de la mañana" será dada a los fieles vencedores. Esta es una progresión notable del poder y de la gloria celestiales en la historia eterna.

Es interesante señalar cómo Jesús establece firmemente el tipo de autoridad que esto traerá: "Al que venciere... yo le daré autoridad sobre las naciones, y las regirá con vara de hierro, y serán quebradas como vaso de alfarero..." Esta es una cita directa de Salmos 2:9, una profecía acerca de Jesús mismo y la autoridad que le iba a ser dada por el Padre debido a su muerte en la cruz. Jesús indica ahora en esta perspectiva eterna que la misma autoridad será pasada a aquellos que hagan su voluntad hasta el fin. Gran autoridad y posiciones especiales están reservadas para los vencedores que hayan trabajado fiel y eficazmente.

Este hecho fue anunciado anteriormente por Jesús al hablar con sus discípulos. "Entonces respondiendo Pedro, le dijo: He aquí, nosotros lo hemos dejado todo, y te hemos seguido; ¿qué, pues, tendremos? Y Jesús les dijo: De cierto os digo que en la regeneración, cuando el Hijo del Hombre se siente en el trono de su gloria, vosotros que me habéis seguido también os sentaréis sobre doce tronos, para juzgar a las doce tribus de Israel. Y cualquiera que haya dejado casas, o hermanos, o hermanas, o padre, o madre, o mujer, o hijos, o tierras, por mi nombre, recibirá cien veces más, y heredará la vida eterna. Pero muchos primeros serán postreros, y postreros, primeros" (Mt. 19:27-30).

De nuevo Jesús establece que un servicio fiel y desinteresado en la tierra asegura una posición especial en el cielo. No todo cristiano ha dejado todo por seguir a Cristo, aun cuando pueda ser creyente y tener la salvación. No todo cristiano ha dejado casa, hermanos, campos, etc. para beneficio del Señor. Francamente, algunos ven su relación con Dios a la luz exactamente opuesta, como una oportunidad para ganar tanto como sea posible de lo anterior. No todo cristiano ha renunciado a la actitud y al sistema de este mundo para comprender y seguir la voluntad del Señor. Así, estos cristianos serán salvos, aunque por fuego, pero las posiciones de autoridad y prominencia en el cielo están reservadas para aquellos que lo hayan hecho. Y de nuevo, aquí Jesús está anunciando algo que será probablemente una sorpresa para todos nosotros en el mundo eterno: "pero muchos primeros serán postreros, y los postreros, primeros." Muchos que parecen estar en posiciones altas de autoridad en la tierra no las han ganado en la perspectiva eterna, mientras que muchos que nunca han sido vistos o aplaudidos en la tierra tomarán los lugares especiales en el Reino celestial.

¿Por qué invierte Dios las cosas en su Reino? ¿Cómo puede ser que muchos de los que fueron "grandes" tal vez no ocupen los puestos "grandes" en el cielo? Esto tiene que ver con el sistema de valores de Dios. El mundo nos dice: "¡Promuévete a ti mismo!" Dios nos dice: "¡Niégate a ti mismo!" El mundo nos dice: "¡Glorifícate a ti mismo!" Dios nos dice: "¡Glorifica sólo a Cristo!" El mundo dice: "¡Lucha por tener la mejor y la más alta posición!" Dios nos dice: "¡Busca la posición más baja en cuanto a servicio!" El mundo dice: "¡Obtén atención y sé reconocido!" Dios dice: "¡Disminuye de modo que Cristo pueda ser visto!" El mundo dice: "¡Busca poder y control!" Y Dios: "¡Pierde todo eso por Cristo!" El mundo dice: "¡Exáltate a ti mismo para que todos te puedan ver!" Dios dice: "¡Humíllate a ti mismo a los ojos de Dios!" Y pudiéramos añadir muchas otras diferencias entre el punto de vista del mundo y el del reino de Dios.

Nuestras actitudes y acciones en la tierra son guardadas con cuidado en la "super-computadora" de Dios; seremos llamados y evaluados según su sistema de valores ante el trono de Cristo. Y, como hemos dicho, muchos de los que se encuentran del lado "MÁS" bajo la perspectiva del mundo, terminarán en el lado "MENOS" en el sistema del Reino.

Jesús enfoca esto desde otra perspectiva en una de sus parábolas: "Observando cómo escogían los primeros asientos a la mesa, refirió a los convidados una parábola, diciéndoles: Cuando fueres convidado por alguno a bodas, no te sientes en el primer lugar, no sea que otro más distinguido que tú esté convidado por él, y viniendo el que te convidó a ti y a él, te diga: Da lugar a este; y entonces comiences con vergüenza a ocupar el último lugar. Mas cuando fueres convidado, ve y siéntate en el último lugar, para que cuando venga el que te convidó, te diga: Amigo, sube más arriba; entonces tendrás gloria delante de los que se sientan contigo a la mesa. Porque cualquiera que se enaltece, será humillado; y el que se humilla, será enaltecido" (Lc. 14:7-11).

Esta parábola tiene que ver con el orden de Dios de exaltación y de humildad. Muchos dentro de la Iglesia intentan tomar posiciones al frente y exaltarse a sí mismos. Además, muchos están sumamente centrados en aquellos que parecen tener posiciones elevadas en la comunidad cristiana. Pero en la fiesta de bodas del Cordero en la eternidad habrá muy probablemente grandes sorpresas en cuanto a los que ocuparán los puestos más altos y más bajos en el Reino celestial. La lección es básicamente esta: No se promueva a usted mismo. Entonces se le solicitará que tome un asiento más arriba en la mesa donde verdaderamente cuenta, en el mundo eterno. Además, no deberíamos estar demasiado enamorados de aquellos que aparecen actualmente en posiciones elevadas aquí en la tierra. Su asiento en la mesa de Dios podría ser bastante más abajo de lo que pensamos, y de ser así, lamentaríamos mucho haber gastado tanto tiempo y energía fijándonos en ellos.

El estar al servicio de Dios en la tierra es un asunto serio, ya sea que lo hagamos a su modo y su obra sea hecha, o que seamos esencialmente inútiles para Sus propósitos en el mundo. Volvemos a repetir: Nuestra salvación no viene sino por fe en Jesucristo. Pero nuestra disposición para quitar los ojos de la actitud de este mundo y servir a Dios en la tierra de acuerdo con su sistema de valores determinará nuestra recompensa eterna. "Porque el Hijo del

Hombre vendrá en la gloria de su Padre con sus ángeles, y entonces pagará a cada uno conforme a sus obras" (Mt. 16:27). Si recibimos entendimiento de la perspectiva eterna de Dios (la única que cuenta), comenzaremos a evaluar de una manera diferente muchos aspectos de la posición del hombre en la obra de Dios. Veremos el síndrome de "fijar la atención en el hombre" (ya sea fijar la atención en nosotros mismos o en otras personas), como algo que es madera, heno y hojarasca, y que tenemos que rechazar. Este síndrome no puede vivir junto con la humildad y la sencillez. Por lo tanto, tenemos que apartarnos lejos de esta actitud carnal y escoger tener la mente de Cristo.

Capítulo 3

La idolatría

El único y verdadero Dios

Dios estableció muy claramente que no acepta de ninguna manera a nada ni a nadie que compita con su supremacía. El primer mandamiento dice: "No tendrás dioses ajenos delante de mí" (Ex. 20: 3). Dios sabe mejor que nadie que no hay ningún otro dios además de Él mismo. ¿Entonces por qué prohibiría a los hombres seguir a otros dioses, si no los hay? Simplemente porque Él sabe que el hombre puede muy fácilmente comenzar a adorar otras cosas, que en esencia, competirían con Él como el único y verdadero Dios. "No hagáis conmigo dioses de plata, ni dioses de oro os haréis" (Ex. 20:23). Dios habló esto a través de Moisés después de un espectáculo de rayos, truenos y humo, como para hacer resaltar el punto.

En el área de idolatría, poner cualquier cosa junto a Él o en lugar de Él, es muy delicado para Dios. "Y todo lo que os he dicho, guardadlo. Y nombre de otros dioses no mentaréis, ni se oirá de vuestra boca" (Ex. 23:13). Una vez más, no existe ningún otro dios, pero el Todopoderoso constantemente previene a su pueblo de ir tras cualquier cosa que podría tratar de tomar su lugar de supremacía en nuestra vida. De hecho, demuestra sentimientos extremadamente fuertes al respecto. "No te harás imagen, ni ninguna semejanza de lo que esté arriba en el cielo, ni abajo en la tierra, ni en las aguas debajo de la tierra. No te inclinarás a ellas, ni las honrarás; porque yo soy Jehová tu Dios fuerte, celoso" (Ex. 20:4, 5). "Porque no te has de inclinar a ningún otro dios, pues Jehová, cuyo nombre es Celoso, Dios celoso es" (Ex. 34:14). Estos fuertes sentimientos de Dios son como los que existen dentro del matrimonio. Sin duda el Señor es el marido de su pueblo, un marido celoso que desea todo el amor y la atención de su esposa. Su Espíritu dentro de nosotros anhela constantemente esa posición. "¡Oh almas adúlteras! ¿No sabéis que la amistad del mundo es enemistad contra Dios? Cualquiera, pues, que quiera ser amigo del mundo, se constituye enemigo de Dios. ¿O pensáis que la Escritura dice en vano: El Espíritu que él ha hecho morar en nosotros nos anhela celosamente?" (Stg. 4:4-5).

Los celos son una actitud carnal que forman parte de nuestra vieja naturaleza y no deben ser tolerados excepto dentro de matrimonio. Si dos personas hacen un voto de pertenecer uno al otro hasta el grado en que ocurre en el matrimonio, y uno de los dos comienza a mostrar interés en otra persona, los celos son una reacción aceptable. Como ya hemos visto, esto es exactamente lo que ocurre con Dios. El no aceptará tranquilamente que algo compita con Él, que alguna cosa o persona desvíe de Él mismo nuestro amor y atención. Esto es esencialmente lo que es la idolatría. Entonces, debemos amarlo a Él más que a cualquier otra cosa, incluyendo los lazos familiares en la tierra: "Él que ama a padre o madre más que a mí, no es digno de mí; el que ama a hijo o hija más que a mí, no es digno de mí" (Mt. 10:37). Tenemos que centramos totalmente en el Dios de la Trinidad: el Padre, el Hijo y el Espíritu Santo, y sólo en Él. "Yo Jehová; este es mi nombre; y a otro no daré mi gloria, ni mi alabanza a esculturas" (Is. 42:8). Cualquier otra cosa viene siendo idolatría e impide que la Iglesia se mueva hacia delante en poder.

Hablando en general, hay diversas formas de idolatría. Existe la adoración a piedras, árboles, etc., usualmente esculpidos con imágenes de dioses. Existe también la adoración al sol, a la luna, y a las fuerzas de la naturaleza. Otra área es la adoración al héroe, donde un hombre asume una posición especial. La Biblia habla también de formas menos obvias de idolatría, tales como la avaricia o la codicia. "Haced morir, pues, lo terrenal en vosotros: fornicación, impureza, pasiones desordenadas, malos deseos y avaricia, que es idolatría; cosas por las cuales la ira de Dios viene sobre los hijos de desobediencia" (Col. 3 :5-6). En este estudio, sin embargo, nos concentraremos en el área de la adoración al héroe y de cómo se relaciona con el síndrome de "fijar la atención en el hombre" dentro de la Iglesia.

La religiosidad moderna

Es menos común en nuestra época adorar estatuas, el sol o la luna como si fueran dioses. El hombre moderno es menos propenso a bailar alrededor de imágenes esculpidas reales o imaginarias. Pero es tan idólatra como el hombre antiguo, o aun más idólatra que él, sólo de maneras diferentes. Las religiones modernas como el humanismo secular, el movimiento de la Nueva Era, etc., son los portadores de una nueva generación de "dioses". El común denominador entre muchos de estos movimientos religiosos es que no hay un dios personal, sino que su "dios" es simplemente la suma de muchas fuerzas en el universo. El hombre tiene la fuente de la verdad y del derecho dentro de sí mismo, y tiene poderes ilimitados dentro de su propia mente que sólo necesitan ser liberados. Estos movimientos toman muchos conceptos del cristianismo, como el amor, el perdón, la tolerancia, etc., pero dejan fuera otros, como el pecado y la obra salvadora de Cristo. En esencia, para ellos, el hombre es su propio dios y la obra de Cristo es prescindible. El hombre tiene la habilidad dentro de sí mismo para razonar y puede por lo tanto resolver sus propios problemas con sólo liberar estas habilidades. Según ellos, el hombre camina de esta manera rumbo a un mundo de paz, amor y comprensión. Esta filosofía atrae mucho al hombre moderno, quien piensa que este enfoque es mucho más lógico que buscar algún Dios externo en alguna parte.

En estos movimientos, pese a la ausencia de imágenes esculpidas ante las cuales inclinarse, hay una violación escandalosa del mandato de Dios: "No tendrás dioses ajenos delante de mí." El hombre se sitúa a sí mismo como un reemplazo para el único y verdadero Dios, y busca encontrar en sí mismo aquello que sólo puede ser suministrado por Dios. La creación se convierte en fuente, no el Creador. El amor se convierte en fuente, no el Dador del amor. La razón humana se convierte en fuente, no Aquel que es el Origen mismo de la sabiduría.

Esto es idolatría tanto como lo sería rezar a una estatua de piedra.

Y aquí está la lección más importante a la luz del síndrome de "fijar la atención en el hombre" en la Iglesia. Estos movimientos, con sus dioses abstractos, están confiando totalmente en las habilidades de los hombres y mujeres para transmitir sus ideas a otros por medios emocionales e intelectuales. Aun cuando no se les llame "dioses", el mundo está lleno de hombres y mujeres "iluminados" que sin descansar enseñan estas doctrinas idolátricas. Como cristianos sabemos que Satanás está detrás de todo esto, pero el papel del hombre en estos movimientos es esencial. El hombre toca al hombre y el movimiento se esparce. El conocimiento del "maestro" toca al estudiante y lo "libera", y a su vez, este puede tocar a otros.

Aquí es donde la Iglesia debe tener cuidado con respecto a su propio liderazgo. No es el conocimiento del mensajero lo que nos libera. Es el poder de Dios a través de Jesucristo: "Así que, si el Hijo os libertare, seréis verdaderamente libres" (Jn. 8:36). No es la habilidad del maestro de Biblia la que nos permite entender los pasajes de la Escritura que nos tocan. Es el Espíritu Santo de Dios, "el cual asimismo nos hizo ministros competentes de un nuevo pacto, no de la letra, sino del espíritu; porque la letra mata, mas el espíritu vivifica" (2 Co. 3:6). No es el entusiasmo y la energía de un predicador enaltecido lo que convierte nuestra pena en alegría. Es Cristo mismo quien oró: "Pero ahora voy a ti; y hablo esto en el mundo, para que tengan mi gozo cumplido en sí mismos" (Jn. 17:13). No son las hermosas voces de los cantantes cristianos, apoyados por sintetizadores de alta potencia, las que ponen música en nuestra vida. Es el Señor quien "puso luego en mi boca cántico nuevo, alabanza a nuestro Dios. Verán esto muchos, y temerán, y confiarán en Jehová" (Sal. 40:3).

Si dentro de la Iglesia se otorga una atención indebida a la habilidad y la fuerza del hombre, incluyendo la destreza de comunicar la Palabra de Dios, se tocarán los límites de la idolatría. El mensajero pudiera tornarse un ídolo si nos centramos equivocadamente en su habilidad para enseñar los caminos de Dios. Debemos entender que lo importante no es el canal que lleva la luz, sino la Luz misma.

Recordemos lo dicho acerca de Juan el Bautista: "No era él la luz, sino para que diese testimonio de la luz. Aquella luz verdadera, que alumbra a todo hombre, venía a este mundo" (Jn. 1:8-9). Si el hombre no es la luz, no debería "brillar" en el sentido de realzar sus propias habilidades, ni siquiera cuando tiene mucha destreza y habilidad. Está es una lección sencilla, pero muy importante para la Iglesia.

La adoración al héroe

La adoración al héroe ha sido siempre común entre los hombres. Las personas con habilidades especiales siempre han sido admiradas. La historia está llena de héroes, hombres y mujeres que se elevaron por encima de los demás como dirigentes, quienes guiaban al pueblo. La adoración a los héroes ha llevado a la humanidad a muchas situaciones desafortunadas, tales como la ocurrida bajo Hitler en Alemania. Para los griegos de la antigüedad, un héroe era alguien que había vivido y muerto como un ser mortal, pero que se había convertido en un ser inmortal debido a sus habilidades, su carácter, etc. Los griegos convertían los cementerios de los héroes en lugares de adoración. Hoy en día nuestros héroes son los políticos, los magnates de los negocios, los atletas, los músicos, las estrellas cinematográficas, etc., los cuales influyen en la vida de las personas y las guían.

En los tiempos modernos, los héroes son menos sujetos a culto que en la antigüedad, aunque sucede a veces. Ahora simplemente se les llama personalidades o personajes célebres. Aun así, muchas de las nociones y costumbres de la antigüedad sobreviven en diferentes formas. Edificios y mausoleos pueden ser erigidos en nombre de los héroes, sus hogares se convierten en basílicas para turistas, exactamente como se hacía muchas veces en la antigüedad. A veces su cumpleaños es celebrado con ceremonias conmemorativas. En lugar de los juglares que relataban la grandeza de los héroes, los personajes célebres hoy día tienen administradores y agentes publicitarios. En lugar del culto de sus seguidores, ahora tienen clubes de seguidores y listas de correo. Su carisma ya no es utilizado para promover la fertilidad y las cosechas abundantes, sino para endosar nuevos productos e ideas.

A los héroes, particularmente a los cinematográficos, se les llama "estrellas", término utilizado a veces en los círculos cristianos. Esta aparente inocencia al definir la condición de un personaje, es un derivado directo de la antigua astrología. Los griegos y los romanos antiguos tenían leyendas donde los héroes eran recompensados por sus hazañas extraordinarias, convirtiéndose en estrellas en el cielo. Es posible que a esta forma de pensar se refiera el apóstol Pablo en Filipenses: "... hijos de Dios sin mancha en medio de una generación maligna y perversa, en medio de la cual resplandecéis como luminares (estrellas) en el mundo; asidos de la palabra de vida ..." (Fil. 2:15-16). No es que Pablo sugiera que hay "estrellas" especiales entre los cristianos, sino que cada cristiano es una "estrella" debido al brillo de la luz de Jesús en él. Otra palabra para las "estrellas" es "ídolos", término que se utiliza para señalar a las personas que han alcanzado un nivel en que todos las admiran. Todo esto se acerca horriblemente a la antigua idolatría. De hecho, enfocarse en estrellas e ídolos es aún una gran fuente de gozo y que parece ser la razón de existir para muchas personas a nivel mundial.

La Iglesia debe guardarse a sí misma cuidadosamente en esta área. No hay ningún héroe verdadero excepto uno: Jesucristo. Verdaderamente no importa quién hace qué en la Iglesia, ya que todo es la obra del Señor. El mensajero no es significativo y no debería ser mirado como algo especial, sólo en el sentido que cada cristiano es especial a los ojos de Dios. Es verdad que un ser humano puede ser un modelo en cuanto a su devoción a Cristo, pero la atención no debe centrarse en él, sino en Cristo. Cualquier otra actitud de "atención al hombre" se acercará a la idolatría, aunque no sea precisamente idolatría.

Si hemos de admitir elogios en el reino de Dios, deben ser sólo para Aquel que murió, para nadie más. Es verdad que hay inmortalidad en el reino de Dios, pero es para todos aquellos que han recibido a Jesucristo, no sólo para algunos en especial. Es verdad que hay gran gloria dentro de la Iglesia, pero es la gloria de enaltecer a Jesús, ya que sólo así atraerá a los hombres a Él. Cualquier otra actitud de fijar la atención en el hombre es una abominación a los ojos del Señor. La Iglesia debe aprender a quitar sus ojos de los mensajeros, ¡los "malos" y los "buenos"! Dios es un Dios celoso y no comparte su gloria con nadie. ¡Ni siquiera con Sus "mejores" sirvientes!

La influencia de los medios

El desarrollo continuo de la tecnología en los medios de comunicación influye grandemente en nuestra tendencia a adorar al héroe. Además del material impreso, que ha existido por varios cientos de años, estamos ahora rodeados de satélites, radio, televisión, películas, teléfonos, facsímiles, grabadoras, cassettes, discos compactos, cintas de vídeo y computadoras; ¡y quién sabe qué más falta por venir! La televisión en particular es posiblemente la fuerza más influyente en todo el mundo. Su habilidad para llevar imágenes y sonidos alrededor del mundo con informes instantáneos de los diferentes eventos ha cambiado para siempre el carácter de nuestro planeta. La televisión ha hecho más fácil que nunca el crear héroes y personajes, y empujarlos a alturas nunca antes imaginadas. De hecho, la televisión se ajusta perfectamente al desarrollo del síndrome de "fijar la atención en el hombre" y en realidad existe debido precisamente a este síndrome.

Un mayor número de personas mira la televisión cuando aparecen las estrellas de las películas, los espectáculos, los deportes, la política y las noticias. Esto es lo que hace que la televisión sea emocionante. Los productores de televisión saben esto, y están utilizando esta tecnología para su propio beneficio, llenando la pantalla repetidamente con imágenes de grandes personajes y estrellas. Y no todos estos "personajes" no se han hecho famosos debido a su habilidad para hacer algo bueno y positivo. Muchos se han hecho famosos debido a la maldad en su vida. La televisión no distingue entre ambas cosas, sino que busca solamente la atención de los televidentes bajo cualquier pretexto, bueno o malo. Esto tiende a socavar los valores bíblicos y morales, y es usado por el propio Satanás. La televisión se ha convertido hoy en su mejor arma para apartar a la humanidad de Dios y para atacar a aquellos que creen en los valores bíblicos.

La Iglesia debe involucrarse en estos medios de una manera nueva y diferente. No puede dejar que el enemigo sea el único en usar esta herramienta tan efectiva. Si recibimos sabiduría del Espíritu Santo para permanecer lejos del síndrome de "fijar la atención en el hombre" podemos utilizar efectivamente este instrumento. Si no, será una espada de dos filos que cortará de modo equivocado, y nos herirá a nosotros. Es difícil quitar la atención del hombre mientras se produce un programa de televisión. El mover del Espíritu Santo no lo captan totalmente las cámaras. No existen vídeos ni imágenes en vivo de Cristo haciendo su obra en la tierra que puedan ser utilizados para la pantalla. Y aunque fuera posible dar un vistazo a Jesús en su presente estado glorificado, ¡echaría a perder el equipo fotográfico! Cuando Juan vio a Jesús en la revelación apocalíptica en Patmos, señala: "... y su rostro era como el sol cuando resplandece en su fuerza" (Ap. 1:16). Tal intensidad probablemente sería demasiado para cualquier equipo de televisión. Así, el hombre es el objeto primario frente a la cámara. A pesar de esto, el Espíritu Santo tiene una forma de utilizar efectivamente estos medios para la proclamación del reino de Dios a través de nuestro Señor Jesucristo. Pero repetimos, sólo será posible si permanecemos lejos del síndrome de "fijar la atención en el hombre".

Al tratarse del papel del hombre en la obra de Dios, debemos estar preparados para conceptos tan extraños (a los ojos del mundo) como: anti-promoción (en vez de la promoción "normal"); anti-publicidad (en vez de la publicidad "normal"); el trabajar activamente para rebajarnos (en vez de intentar aumentar nuestra popularidad), etc. para garantizar que el hombre no tome el papel central. Tenemos que aprender a aceptar la fortaleza de Dios en nuestra debilidad y el hecho de que Él también usa la tecnología moderna para seguir su patrón normal: "sino que lo necio del mundo escogió Dios, para avergonzar a los sabios; y lo débil del mundo escogió Dios, para avergonzar a lo fuerte" (1 Co.1:27). Esto no significa que debemos hacer nuestro trabajo chapuceramente sin atender a las normas de calidad. Pero no debemos adoptar la "sabiduría" del mundo hasta el punto en que fijamos la atención en el hombre y no en Dios. Necesitamos aprender a guiarnos por la estrategia y el tiempo del Señor en vez de usar nuestras estrategias basadas en la maquinaria del mundo del espectáculo y del entretenimiento.

Recordemos a Jesús en la fiesta de los Tabernáculos: "Estaba cerca la fiesta de los judíos, la de los tabernáculos; y le dijeron sus hermanos: Sal de aquí, y vete a Judea, para que también tus discípulos vean las obras que haces. Porque ninguno que procura darse a conocer hace algo en secreto. Si estas cosas haces, manifiéstate al mundo" (Jn. 7:2-4). Esta es una situación donde la gente alrededor de Jesús ve una oportunidad de publicidad de acuerdo con el pensamiento del mundo. Hoy en día los medios de comunicación animan al hombre a hacer eso mismo al instarle a manifestarse al mundo. Pero Jesús, quien no era movido por hambre de publicidad, responde: "Mi tiempo aún no ha llegado, mas vuestro tiempo siempre está presto" (Jn. 7:6). Hay un tiempo y un modo que es adecuado desde el punto de vista mundano, pero no desde la perspectiva de Dios. En nuestros días la publicidad, la cobertura televisiva y cosas por el estilo trabajan de acuerdo con ciertas reglas. Si estas reglas se siguen correctamente, guían al éxito en el intento de alcanzar e influenciar a las masas. En esta situación, los hermanos de Jesús vieron una gran oportunidad de promoción para él, basados en una tendencia actual. Es muy fácil caer en esta línea de pensamiento y descuidar la consideración del factor número uno: la estrategia y el tiempo de Dios. Jesús no fue movido por normas de publicidad mundanas sino exclusivamente por la mano del Padre obrando en su vida. No vio la fiesta de los Tabernáculos como una oportunidad de publicidad que era necesario utilizar. Más bien, vio otra situación para servir al Padre al hacer algo, o no hacer algo, según el Padre lo guiara.

Es interesante notar que Jesús fue a la fiesta. Fue en secreto pero luego enseñó abiertamente, no porque los agentes de publicidad se lo recomendaran, sino debido a que el Padre lo llevó a hacerlo. También dio su "clásico" sermón en esta fiesta: "En el último y gran día de la fiesta, Jesús se puso en pie y alzó la voz, diciendo: Si alguno tiene sed, venga a mí y beba. El que cree en mí, como dice la Escritura, de su interior correrán ríos de agua viva" (Jn. 7:37-38). Observe que Jesús utilizó todas las herramientas que habrían sido sugeridas por agentes de publicidad. Habló esta palabra en el último y mayor día de la fiesta cuando la mayor cantidad de personas se encontraba allí. Este sería el equivalente de utilizar los medios masivos de comunicación en nuestra época. Las Escrituras también dicen que Jesús habló en voz alta, quizás para ser oído por tantos como fuera posible, que sería el equivalente de los sistemas de sonido, las cámaras de televisión y otros equipos electrónicos para comunicar efectivamente el mensaje que tenemos hoy día. ¡Los agentes de publicidad hubieran estado orgullosos de Él! Sin embargo, Jesús no lo hizo porque algún publicista experto se lo sugiriera, sino porque el Padre lo dirigió a hacerlo. Hay un mundo de diferencia entre estos dos fundamentos. Las apariencias exteriores son similares. Pero la razón por la que se hace es completamente diferente y es lo que determinará si surgirán "ríos de agua viva" o no.

La Iglesia tiene que aprender a utilizar los medios de comunicación modernos a la manera de Dios, y no ser atrapada por la actitud mundana al utilizar herramientas tan poderosas como la televisión. Jesús dijo: "Y yo, si fuere levantado de la tierra, a todos atraeré a mí mismo" (Jn. 12:32). Proclamar la obra terminada de Jesús en la cruz es la misión principal de la Iglesia. La Iglesia no puede atraer a nadie al Señor por sí misma. Tiene que hacerlo Cristo a través del Espíritu Santo. Pero el pueblo de Dios debe mostrar continuamente a Jesús como Salvador y Señor para que el Espíritu Santo aplique este poder "magnético" al mensaje. Es importantísimo que no se enaltezca a otra persona de manera que este potencial no sea alterado.

Este es un tiempo en que el mundo aplica con eficacia el síndrome de "fijar la atención en el hombre" a través de la tecnología de los medios. La Iglesia debe fortalecerse doblemente contra esta embestida . Debe llenarse con la revelación y la sabiduría divinas para utilizar las poderosas herramientas de los medios masivos, y no dar al enemigo una oportunidad de infiltración. El impacto de la infiltración lograría amplificarse seriamente a través de las tecnologías modernas.

Los siervos no son anónimos

No intentamos decir en esta enseñanza que el hombre debe estar oculto completamente para que Dios lo utilice. Necesitamos entender que Dios no hace su trabajo a través de gente anónima. Usa a hombres y mujeres de la vida real, con nombres reales y caras reales, no robots mecánicos sin personalidad o estilo individual. A través de la historia eclesiástica, Dios ha llamado y usado a seres humanos, permitiendo que su vida y servicio sea de inspiración para otros. La Biblia incluso nos insta a ser modelo para otros y a admirar a quienes son buenos modelos. Las instrucciones del apóstol Pablo a Timoteo son claras: "... sé ejemplo de los creyentes en palabra, conducta, amor, espíritu, fe y pureza" (1 Ti. 4:12). Una demostración notable es que Dios permitió que identificáramos un alto porcentaje de los libros bíblicos con los nombres de las personas que el Espíritu Santo inspiró a escribir estos. Dios persiste en llamar a hombres y mujeres para un servicio concreto en su obra, y les permite ser identificados con tales tareas. Ciertamente figurará el hombre en la obra de Dios en la tierra, ya que el Señor mismo lo escogió como su herramienta. Pero la gran pregunta es sencillamente: ¿Dónde queda puesta la atención principal? En Aquel que inicia, desempeña y sostiene su obra, o en el instrumento que Él utiliza para ello?

Muchos saben acerca de la técnica utilizada en la producción de películas. Si dos objetos están en la imagen, uno cercano y el otro lejano, al cambiar el foco del lente de la cámara, el camarógrafo puede hacer que el espectador enfoque uno u otro de estos dos objetos. Podría primero enfocar el objeto cercano y este sería el foco de atención del espectador; luego puede ajustar el lente para que enfoque el objeto lejano y como resultado el foco de atención del espectador cambiará. El ojo humano (y su mente) tiende a poner siempre la atención donde está el foco. Con este método, el productor cinematográfico se asegura de transmitir la historia al espectador, centrando la atención en la dirección correcta.

Esto ilustra bien lo que intentamos decir con nuestra enseñanza. Cristo permanece siempre al frente en la imagen de la obra de Dios.

Todo está hecho por Él, a través de Él y para su gloria. El hombre también figurará en el asunto simplemente porque Dios ha elegido usarlo como su instrumento. Pero de nuevo, la pregunta importante es: ¿Dónde queda el foco de atención? ¿En Cristo o en el hombre? Bien, ¿qué tal si se centra a la vez en ambos? No funciona de esa manera. El fijar la atención en uno, automáticamente hace que se quite la atención del otro, igual que en la técnica cinematográfica. Cuando fijamos la atención en el hombre, el lente de cámara enfoca una sola cosa: ¡el hombre! Por esto es que este síndrome es tan destructivo, porque inmediatamente quita la atención de Cristo. No hay ningún punto medio; es una cosa o la otra.

Aunque el hombre no es anónimo en la obra del Señor, queda claro que en la Biblia el enfoque nunca está en el hombre mismo, sino en la obra de Dios a través del hombre. Las Escrituras no fueron escritas como una revista condensada o un listado de quién es quién, destacando los grandes logros de la gente famosa o la última chismografía acerca de ellas. La Biblia es un reflejo del plan perfecto de Dios para la humanidad, presentando a Jesús como el único "personaje". Contrario a lo que muchas veces pensamos, el Nuevo Testamento no es un libro de historia completo sobre la obra de la Iglesia primitiva. A veces suponemos que todos los eventos destacados y toda la gente "importante" de la Iglesia primitiva figuran en la Biblia. No es así. Dios escogió qué eventos y qué personas incluir en la Biblia según sus propios propósitos. Sus razones incluirían instrucciones para los futuros creyentes, etc. Pero otros eventos y otros individuos, quizás aun más "prominentes" y aparentemente más "significativos" en el momento, no fueron incluidos. Sin embargo, su nombre sí ha sido escrito en el libro eterno de historia de Dios. El Señor actúa de acuerdo con su plan específico, no con el deseo carnal y humano de sensacionalismo y parloteo.

Un ejemplo se encuentra en los saludos finales de Pablo a los Romanos: "Saludad a Andrónico y a Junias, mis parientes y mis compañeros de prisiones, los cuales son muy estimados entre los apóstoles, y que también fueron antes de mí en Cristo" (Ro. 16:7).

Estas dos personas, que aparentemente fueron "prominentes" en los inicios de la Iglesia, por razones que sólo Dios sabe son mencionadas sólo una vez al final de una de las cartas de Pablo. No existe ninguna "Carta de Andrónico a los Efesios" en la Biblia, aunque es muy posible que Andrónico haya escrito una carta a los creyentes efesios. Y Junias, posiblemente la esposa o hermana de Andrónico, ya que este es un nombre femenino, tampoco vuelve a mencionarse. Si esto hubiera ocurrido en nuestros días, habría aparecido destacado en la cubierta de casi toda revista cristiana. Y ciertamente sería muy buscada para dar conferencias a mujeres. Al fin y al cabo, se había relacionado con el gran apóstol Pablo, había sufrido prisión con él, y había sido una ministro sobresaliente ella misma con una larga reputación establecida. Este antecedente casi garantizaría alta visibilidad en el mundo cristiano de hoy.

Otro ejemplo es el hombre que fue objeto de uno de los milagros más notables de Jesús. Juan capítulo 11 narra cómo Lázaro, tras varios días de entierro, ya hedía cuando Jesús lo resucitó. En el momento en que Jesús lo llamó por su nombre: "¡Lázaro, ven fuera!" (Jn. 11: 43), este salió envuelto en sus sábanas mortuorias. ¡Qué espectáculo! Imagínese si las cámaras de la televisión moderna hubieran estado presentes. El impacto que tuvo este milagro en la gente desencadenó la decisión del Sanedrín para deshacerse de Jesús. Poco después, seis días antes de la Pascua, Jesús fue invitado a una cena en Betania donde Lázaro era otro de los convidados. Esto es lo último que sabemos de él en las Escrituras. Sin embargo, la tradición sugiere que Lázaro tenía treinta años cuando murió, que vivió otros treinta años después de haber resucitado, y que a través de circunstancias extraordinarias fue a Chipre donde llegó a ser obispo de la iglesia en Kition. ¿No sería esta una historia digna de ser contada? Si usted y yo hubiéramos estado a cargo del contenido de la Biblia, quizás no habríamos pasado por alto esta oportunidad de incluir la vida y la obra de la iglesia en Kition, cuyo pastor había sido ministrado por Jesús de una manera extraordinaria. Esta habría sido una excelente parte de las Escrituras desde nuestro punto de vista.

No obstante, ¡Dios ve las cosas de manera diferente! Él nunca actúa de acuerdo con los esquemas publicitarios del hombre, los cuales están basados en el síndrome de "fijar la atención en el hombre". Él sólo actúa de acuerdo con su plan perfecto para lograr sus propósitos eternos. Así, los eventos "significativos" y la gente "prominente" desde nuestro punto de vista, tal vez sean mucho menos importantes desde su punto de vista, por lo que no debiéramos darles el nivel de visibilidad que pensamos. Es muy importante comprender esto al considerar el papel del hombre en la obra de Dios.

¿Es Dios nuestra única fuente?

El asunto de la idolatría se determina verdaderamente por una pregunta simple: ¿Es Dios nuestra única fuente? Dios reaccionó con severidad cuando su pueblo en el Antiguo Testamento se volvía a otras fuentes. "Y dijo: Esconderé de ellos mi rostro, Veré cuál será su fin; Porque son una generación perversa, Hijos infieles. Ellos me movieron a celos con lo que no es Dios; Me provocaron a ira con sus ídolos; Yo también los moveré a celos con un pueblo que no es pueblo, los provocaré a ira con una nación insensata" (Dt. 32:20-21). Los israelitas en incontables ocasiones dieron a entender con su actitud que Dios no era suficiente como su única fuente. Poco después de ser liberados de la cautividad egipcia, comen-zaron a tener hambre de la carne de Egipto, como si Dios no pudiera alimentarlos. Cuando les pareció que Moisés tardaba demasiado en la montaña, se volvieron a un ídolo en forma de becerro de oro. Estando en Cades-Barnea, en la frontera de la Tierra Prometida, vieron en ella gigantes, y pensaron que estos serían demasiado grandes para Dios. Debía ser hecho de algún otro modo. Cuando finalmente entraron en la Tierra Prometida y echaron fuera a los otros pueblos, muy pronto se volvieron a las prácticas idólatras de esos mismos pueblos. A veces abandonaron totalmente al único y verdadero Dios. Pero muchas veces fue simplemente el sentimiento de que necesitaban algo adicional a Él. Fue como si no confiaran en Dios para ser su única fuente.

Aquí es donde la Iglesia debe aprender una lección importante. El Señor Jesús es la Cabeza del Cuerpo de Cristo y el exclusivo Proveedor a través de su Espíritu Santo. Él es nuestra única y verdadera fuente. El papel del hombre es sólo facilitar su obra y devolver toda la gloria a Él. Cualquier otra actitud raya en la idolatría y el síndrome de "fijar la atención en el hombre", el cual es sumamente peligroso.

Podemos hacernos ciertas preguntas sencillas que revelarán nuestro punto de vista de la Fuente. ¿Es la Palabra de Dios más potente cuando la hermana Fulanita habla, o es igualmente poderosa si el hermano Sotanito lo hace bajo la misma unción? ¿Son más efectivas las Escrituras si el hermano Cantafuerte la comunica con una bella voz, o son tan notables si la hermana Sinvoz lo hace? ¿El reino de Dios es más poderoso cuando miles de cristianos han sido reunidos con la ayuda de un nombre bien conocido, o es lo mismo cuando dos personas están reunidas en su nombre? ¿Estoy igualmente dispuesto y feliz de participar en la "insignificante" congregación que en el evento cristiano grande y bien producido, con altavoces y cantantes famosos? Si no podemos responder firme y correctamente a estas preguntas y otras similares, indicando que nuestra vista espiritual es certera, nos comprobamos a nosotros mismos que creemos que el hombre es una fuente así como lo es Dios. Al pensar que Dios no es la única fuente, estamos en gran peligro de ser idólatras.

Quizá deberíamos comenzar a cambiar radicalmente la manera en que enfocamos el hecho de ser ministrados por otros. Una actitud común es buscar a hombres y mujeres ungidos con muy buenas "credenciales" y alta visibilidad. Asistimos a reuniones, etc., donde estas personas ministran para recibir la palabra fresca del Señor. Aunque es cierto que Dios ciertamente usa este tipo de reuniones en su obra, quizá es tiempo de parar en esta búsqueda y buscar sólo a Dios, de modo que Él pueda enviar al mensajero que Él quiera. En otras palabras, en lugar de buscar al mensajero, permita que el mensajero lo busque a usted. Cabe mencionar que no debemos tomar este punto de vista como una licencia para la apatía espiritual, dejando de asistir a la iglesia o esquivando la responsabilidad personal de seguir a Dios. Más bien debemos proceder con diligencia en nuestro propio caminar espiritual, pero no enfocando tanto aquel que el Señor podría utilizar para alimentarnos espiritualmente.

Encontraremos que en ocasiones Dios se vale del gran evento, y que otras veces envía a un "Don Nadie" para lograr sus propósitos en nuestra vida. El síndrome de "fijar la atención en el hombre" crea, sin embargo, un gran problema en este aspecto. Si somos influenciados por este síndrome, tendremos dificultades para creer que Dios puede utilizar un "Don Nadie" para cualquier cosa. Así, nos perderemos gran parte de la obra de Dios, ya que esta es la columna vertebral de su estrategia: utilizar aquello que se considera como "nada".

¿Dónde queda la Iglesia en la práctica con respecto a su punto de vista de la Fuente? ¿Vemos a los héroes como un ingrediente necesario en la vida de la Iglesia? ¿Estamos enalteciendo a los "personajes" y a las "estrellas" para poder dar credibilidad a Dios en la tierra? ¿Estamos tan conformados al sistema de este mundo que nos sentimos obligados a glorificar a hombres y mujeres para de ese modo hacer visible la Palabra de Dios? ¿Hemos hecho una versión modificada de adoración al héroe una fuente parcial de la Iglesia? Muchas veces parece que lo hemos hecho. Esto no ayuda la obra de la Iglesia, aunque parezca funcionar por un tiempo. Más bien obstaculiza el plan de Dios a largo plazo. Esto no significa que todos los que tienen una posición visible en la Iglesia guían a otros a la idolatría. La Escritura es clara cuando habla del verdadero liderazgo espiritual, sobre el cual hablaremos posteriormente. Dios utilizará siempre a ciertos hombres y mujeres en un nivel más visible que otros en su obra. Pero de nuevo, debemos clarificar nuestra percepción de la Fuente.

Todos los ídolos antiguos eran hechos por el hombre y no tenían nada que ver con la obra de Dios más que el hecho de que Dios había creado la materia prima con que se hacían: la madera, la piedra, etc. La percepción de que ciertas personas son personajes y estrellas cuando usan dones y talentos que provienen de Dios, es también un concepto humano. Tal percepción es tan mala e ineficaz como los burdos ídolos a los ojos de Dios. De hecho, la verdadera obra espiritual hecha a través de alguien en un nivel visible será obstruido si los cristianos se centran en la visibilidad del mismo y comienzan a verlo como un personaje y no un canal para la obra y la gloria de Cristo.

Sólo aquel que es nacido del Espíritu Santo puede ser usado por Dios para sus propósitos. Por lo tanto, la atención debería estar siempre en las acciones espirituales tomadas por Cristo, no en el estilo y los atributos exteriores del instrumento que Él utiliza en el momento. Un verdadero mensajero de Dios le dará siempre toda la gloria a Él y luchará por menguar para que sólo Cristo se vea claramente, de modo que sea fácil para los demás centrarse en el Señor. El mensajero figurará, pero no quitará la atención de Cristo. El síndrome de "fijar la atención en el hombre" por otra parte, es hecho por el hombre y centrado en el hombre, y por lo tanto, es una abominación a los ojos de Dios como lo es la adoración a los ídolos.

Recuerde nuestra declaración anterior de que la industria del entretenimiento verdaderamente es un intento de Satanás de crear alegría y realización para la gente, sin que Dios esté involucrado. Esta industria es del todo dependiente de la adoración al héroe. Tiene que haber una corriente continúa de nuevos personajes y estrellas para que el mundo del entretenimiento permanezca vivo y vigoroso. La Iglesia debe separarse completamente de esta actitud y no caer en la trampa que la puede guiar a la idolatría. Si algo fuéramos a tomar de la industria secular del entretenimiento, sería qué evitar y no otra cosa.

Los lugares altos

Vamos a explorar una situación que involucra al rey Salomón: "Mas Salomón amó a Jehová, andando en los estatutos de su padre David; solamente sacrificaba y quemaba incienso en los lugares altos" (1 R. 3:3). Antes de que el rey David muriera, instruyó a su hijo Salomón para que caminara de acuerdo con los preceptos del Señor, obedeciendo sus mandatos. Como resultado, Dios cumpliría su promesa a David, perpetuando a sus descendientes en el trono de Israel. Esta promesa fue cumplida finalmente en Jesucristo. Salomón obedeció aparentemente a su padre en lo que a esto respecta, excepto por su atracción por los "lugares altos". La Escritura no dice que el adorara a otros dioses u ofreciera sacrificios a ídolos (en este momento de su vida). Él adoraba al Dios de Israel, pero a veces, equivocadamente, en los "lugares altos". Estos "lugares altos" habían sido sitios de adoración pagana y aun después que los israelitas los conquistaron, no agradó a Dios que se le adorara a Él allí. Al adorar a Dios en esos lugares altos, los israelitas estaban tan cerca de imitar la adoración pagana, pese a que no veneraban a los ídolos, que el asunto desagradó al Todopoderoso.

El síndrome de "fijar la atención en el hombre" es el equivalente actual de un "lugar alto". No buscamos adorar a otro que no sea Dios y su Hijo Jesucristo. Pero lo hacemos de tal modo que creamos un "lugar alto", lo cual se acerca mucho a la idolatría a los ojos de Dios. Adoptamos un sistema mundano que parece dar alta visibilidad a la obra de Dios, igual que los "lugares altos" de los antiguos con altares en colinas y montañas para ser vistos claramente. Con frecuencia, este sistema pareciera ser un modo beneficioso de servir a Dios, pero en realidad puede tener el efecto contrario. Recuerde la respuesta de Jesús a la mujer samaritana cuando esta le preguntó acerca de dónde y cómo adorar: "Mas la hora viene, y ahora es, cuando los verdaderos adoradores adorarán al Padre en espíritu y en verdad; porque también el Padre tales adoradores busca que le adoren. Dios es Espíritu; y los que le adoran, en espíritu y en verdad es necesario que adoren" (Jn. 4:23-24).

La adoración a Dios sólo puede ser hecha "en espíritu y en verdad", no en la carne. Dios es espíritu y debe ser adorado de esa manera. El espíritu del hombre no puede hacer nada sino alcanzar a Dios a través de Jesucristo, centrar toda la atención en Él y dar toda la gloria a Él. Si hay aunque sea un porcentaje muy bajo de atención y gloria compartida, podemos estar seguros que esto no es guiado por el Espíritu sino por la carne. Así, para adorar en espíritu y en verdad debemos apartar completamente el síndrome de "fijar la atención en el hombre" y concentrarnos sólo en el Señor., No podemos utilizar los "lugares altos" para ayudar a Dios en su intento de intimar con el hombre.

Es interesante resaltar que Dios no le dio la espalda a Salomón inmediatamente, de la misma manera que no ha abandonado a la Iglesia simplemente porque hay cosas aún entre su pueblo que no le son gratas. En realidad, fue cuando Salomón ofreció sacrificios a Dios en uno de estos lugares altos que Dios se le apareció y le dijo que le pidiera cualquier cosa. Dios es misericordioso y muestra gran paciencia al llamarnos al arrepentimiento. Esto no significa, sin embargo, que debemos relajarnos en nuestros malos caminos y abusar injustamente de su misericordia. Debemos buscarlo constantemente con un corazón arrepentido y estar preparados para cambiar nuestros caminos según la revelación de su Reino. Salomón pidió sabiduría y entendimiento, lo cual le fue dado en gran medida. Se convirtió en un gran rey y construyó el Templo del Señor, que era el sueño de su padre David. Sin embargo, el último capítulo de su vida es muy triste.

"Pero el rey Salomón amó, además de la hija de Faraón, a muchas mujeres extranjeras; a las de Moab, a las de Amón, a las de Edom, a las de Sidón, y a las heteas; gentes de las cuales Jehová había dicho a los hijos de Israel: No os llegaréis a ellas, ni ellas se llegarán a vosotros; porque ciertamente harán inclinar vuestros corazones tras sus dioses. A éstas, pues, se juntó Salomón con amor. Y tuvo setecientas mujeres reinas y trescientas concubinas; y sus mujeres desviaron su corazón. Y cuando Salomón era ya viejo, sus mujeres inclinaron su corazón tras dioses ajenos, y su corazón no era perfecto con Jehová su Dios, como el corazón de su padre David. Porque Salomón siguió a Astoret, diosa de los sidonios, y a Milcom, ídolo abominable de los amonitas. E hizo Salomón lo malo ante los ojos de Jehová, y no siguió cumplidamente a Jehová como David su padre. Entonces edificó Salomón un lugar alto a Quemos, ídolo abominable de Moab, en el monte que está enfrente de Jerusalén, y a Moloc, ídolo abominable de los hijos de Amón. Así hizo para todas sus mujeres extranjeras, las cuales quemaban incienso y ofrecían sacrificios a sus dioses. Y se enojó Jehová contra Salomón, por cuanto su corazón se había apartado de Jehová Dios de Israel, que se le había aparecido dos veces, y le había mandado acerca de esto, que no siguiese a dioses ajenos; mas él no guardó lo que le mandó Jehová. Y dijo Jehová a Salomón: Por cuanto ha habido esto en ti, y no has guardado mi pacto y mis estatutos que yo te mandé, romperé de ti el reino, y lo entregaré a tu siervo" (1 R. 11:1-12).

Es muy probable que este fin trágico de un hombre que había recibido gran sabiduría y entendimiento de Dios, fuera debido a su coqueteo con los lugares altos al inicio. Al principio, parecían ser sólo una herramienta "conveniente" para servir y adorar efectivamente al único y verdadero Dios. Pero al final la adoración en los lugares altos se volvió una idolatría tal que el reino de Salomón no pudo ser preservado. Esto es exactamente lo que ocurre con la adoración al héroe dentro de la Iglesia. Parece ser una herramienta efectiva para lograr la obra de Dios, pero a la larga ha destruido más de lo que ha logrado. El pueblo de Dios debe permanecer lejos de los "lugares altos" y adorar a Dios en espíritu y en verdad. Esta es la única forma en que la Iglesia puede ser verdaderamente un reino espiritual en una época en que se nos presentan versiones más y más sofisticadas del síndrome de "fijar la atención en el hombre".

Las finanzas

Cuando miramos el síndrome de "fijar la atención en el hombre" en la Iglesia, debemos mencionar una razón subyacente muy sencilla para la persistencia de este síndrome: el dinero. Todo el mundo sabe que el mundo del entretenimiento secular mantiene un flujo constante de personajes y estrellas para generar dinero. Es un poco diferente en el mundo cristiano, pero lamentablemente el principio es a veces el mismo. La mayoría de los cristianos no están buscando enriquecerse de la Iglesia, aunque ciertamente hay algunos que han caído en esa trampa. Pero en realidad funciona de la siguiente forma: Para proveer finanzas para la obra de Dios, mantener presupuestos de la iglesia y del ministerio, apoyar la obra misionero, pagar seminarios y conferencias, etc. necesitamos tener personas conocidas y populares para obtener ofrendas y otras formas de apoyo financiero; si el pastor es una persona solicitada y apreciada, el presupuesto de la iglesia está garantizado. Si un "ministerio" fuerte tiene un líder conocido y altamente visible, es mucho más fácil mantener las finanzas. Si un "personaje" cristiano endosa un proyecto misionero o una obra de caridad, es muy probable que tenga éxito. La mayoría de estos trabajos son esfuerzos que valen la pena para el reino de Dios y deberían indudablemente ser apoyados. Pero el problema es que estamos adoptando cada vez más el síndrome de "fijar la atención en el hombre" para aquello que se supone debe ser hecho como para el Señor. Pareciera que somos más capaces de apoyar a personas que apoyar la obra que estas han sido llamadas a hacer. No estamos diciendo que aquellas personas que han ganado respeto ante otros debido a su llamado especial y su servicio fiel al Señor (si en realidad esa es la razón por la cual son conocidos), no deberían hablar acerca de ciertas obras dentro de la Iglesia. Pero hay una zona de peligro en esta área donde nosotros, en nuestras ansias por hacer lo bueno, estamos ya entrando al campo de la adoración al héroe, destruyendo de esa manera el buen propósito.

Aunque es necesario tener finanzas para apoyar la obra de Dios y debemos respetar a aquellos que tienen responsabilidades en esta área, necesitamos mirar atentamente la maquinaria para la recaudación de fondos y el comercio en la Iglesia de hoy. Seamos sinceros: ¡la Iglesia es un gran negocio! Y es muy tenue la línea divisoria entre el tener un sistema y una organización que ayuden financieramente a la Iglesia de manera legítima, y el tener una industria centrada en las ganancias y beneficios. El área de adoración al héroe prevalece aun más cuando cruzamos esa línea tenue. Si comenzamos a ver la obra de Dios de una manera carnal, como una oportunidad de hacer negocio, también comenzamos a aceptar medios carnales para lograr nuestros objetivos. Repetimos de nuevo que la industria del entretenimiento depende totalmente de personajes y estrellas para mantenerse. ¿Hemos adoptado gran parte del mismo sistema dentro de la Iglesia, aun cuando nuestros motivos para servir a Dios son correctos y buenos? En nuestra ansia de apoyar la obra de Dios, ya sea en el escenario o en el auditorio, ¿nos hemos centrado injustamente en el hombre y hemos sujetado a Dios al endoso del hombre? ¿Es esta la manera en que la obra del Señor debe llevarse a cabo?

El área de las finanzas es muy importante y cada cristiano —ya sea pastor u oveja— necesita estar a la alerta para no dar una oportunidad al diablo. Las Escrituras hablan claramente acerca de la avaricia, definiéndola como un deseo de tener más de lo que se necesita o se merece. Si la maquinaria financiera en la Iglesia apoya cualquier forma de avaricia, ha garantizado de ese mismo modo ser idólatra. Leamos en Colosenses: "Haced morir, pues, lo terrenal en vosotros: fornicación, impureza, pasiones desordenadas, malos deseos y avaricia, que es idolatría; cosas por las cuales la ira de Dios viene sobre los hijos de desobediencia." Una herramienta eficaz para satisfacer la avaricia idólatra, aun dentro de la iglesia, es el síndrome de "fijar la atención en el hombre" alrededor del cual se puede construir un comercio así como lo hace la industria del entretenimiento secular.

Tengamos en cuenta que el hacer hincapié en la prosperidad y las bendiciones de Dios puede tornarse fácilmente en avaricia y posteriormente en idolatría. Si nos centramos en los dones y la provisión de Dios, sobre todo en el reino material, en lugar de centrarnos en el Dador mismo, muy fácilmente introduciremos el factor de avaricia. Comenzamos a adorar las bendiciones más que al Dador. Puede darse el caso de que los cristianos parecen estar buscando al Señor porque utilizan todas las palabras y los gestos exteriores correctos, pero en realidad lo que están persiguiendo es la prosperidad. En este caso, podemos esperar la ira de Dios más que su bendición. Recuerde, Él se molesta muchísimo con la idolatría.

Veamos también la situación cuando Pablo y Silas terminan en prisión en Filipos. "Aconteció que mientras íbamos a la oración, nos salió al encuentro una muchacha que tenia espíritu de adivinación, la cual daba gran ganancia a sus amos, adivinando. Esta, siguiendo a Pablo y a nosotros, daba voces, diciendo: Estos hombres son siervos del Dios Altísimo, quienes os anuncian el camino de salvación. Y esto lo hacía por muchos días; mas desagradando a Pablo, éste se volvió y dijo al espíritu: Te mando en el nombre de Jesucristo, que salgas de ella. Y salió en aquella misma hora. Pero viendo sus amos que había salido la esperanza de su ganancia, prendieron a Pablo y a Silas, y los trajeron al foro, ante las autoridades" (Hch.16:16-19).

Aquí se trataba simple y llanamente de dinero. El espíritu de adivinación dentro de esta muchacha esclava había creado una gran oportunidad de negocio para algunos en esa ciudad. Es interesante notar que en ese momento en particular el demonio la había llevado a hablar la verdad sobre Pablo y Silas, al decir que ellos eran siervos de Dios quienes anunciaban el camino de salvación. Pablo discernió que todo esto se hacía con un espíritu equivocado y por razones equivocadas y expulsó al espíritu de la muchacha. Los dueños de la muchacha vieron inmediatamente declinar sus beneficios y se enojaron tanto que se las arreglaron para enviar a la cárcel a los siervos de Dios.

A propósito, a partir de esta situación surgió un gran milagro, donde Dios sacudió la prisión, abrió las puertas y trajo la salvación al carcelero y a su familia. Es también una de las pocas veces registradas en el Nuevo Testamento donde la música y el canto fueron utilizados en la obra de Dios: Pablo y Silas oraban y cantaban alabanzas en su celda mientras los otros prisioneros escuchaban. La Iglesia primitiva seguramente utilizaba música en su adoración al Señor, pero no se le da un lugar prominente en el Nuevo Testamento. Quizá esta sea otra lección para la Iglesia de hoy, en la que hemos puesto tanto énfasis en el placer de la música.

La muchacha esclava en esta situación era una gran atracción y la base para un gran comercio. Los valores espirituales no tenían ninguna importancia para sus amos. ¡Lo único importante era ganar dinero! Ciertamente, esta es también la tendencia actual en el mundo. La Iglesia tiene que ser sumamente cuidadosa en esta área. Nada puede corromper tanto como el dinero. Nada puede hacer que la gente comprometa sus valores morales como el dinero. No hay nada que pueda desviar a la gente del camino correcto y hacerla transigir tanto como el dinero. Las Escrituras plantean muy claramente: "porque raíz de todos los males es el amor al dinero, el cual codiciando algunos, se extraviaron de la fe, y fueron traspasados de muchos dolores" (1 Ti. 6:10).

El Profeta Oseas definió la idolatría como un espíritu de prostitución: "El anhelo de los ídolos les ha hecho necios. Pues han hecho el papel de ramera (prostituta) sirviendo a otros dioses, abandonándome a mí" (Os 4:12 Biblia al día, paráfrasis). La prostitución es el acto de tomar la relación íntima, diseñada por Dios para el matrimonio y volverla en placer adúltero, injusto y para buscar ganancia. Oseas avisó a la gente que la idolatría es prostitución porque es dejar a un lado a Dios. Y el síndrome de "fijar la atención en el hombre" abre la puerta al espíritu de prostitución. Este síndrome quita la atención completa del Señor y continuamos en la "compra" y "venta" de nosotros mismos y de unos a otros cuando tenemos este enfoque. Dios debe entonces compartir el escenario con nosotros y hemos de ese modo creado una forma sutil y sofisticada de infidelidad hacia Él. El espíritu de prostitución debe ser esquivado a toda costa.

Una vez más, guardando el debido respeto por aquellos a quienes Dios ha dado responsabilidades de mayordomía sobre los asuntos financieros de la Iglesia, no debemos atravesar la línea tenue entre el área de "suplir la necesidades" y el territorio de "amar el dinero". Es muy fácil errar aquí. Si nos sentimos obligados a introducir un sistema mundano de "fijar la atención en el hombre" para ser financieramente exitosos dentro de la Iglesia, estamos en peligro de crear una dosis doble de idolatría: adoración al héroe y avaricia. ¡Podemos estar seguros que esto no complace a Dios!

Capítulo 4 El liderazgo espiritual

Para construir la Iglesia

El síndrome de "fijar la atención en el hombre" es particularmente dañino en el área de liderazgo espiritual. Si Satanás logra enfocar nuestra atención en el instrumento que Dios está utilizando y no el Señor mismo, ha ganado una gran batalla en la guerra espiritual. Veamos algunas cosas que son importantes para que el liderazgo espiritual funcione adecuadamente dentro de la Iglesia.

El objetivo del liderazgo es construir y fortalecer el Cuerpo de Cristo. La enseñanza de Pablo en Efesios es bien conocida: "Y él mismo constituyó a unos, apóstoles; a otros, profetas; a otros, evangelistas; a otros, pastores y maestros, a fin de perfeccionar a los santos para la obra del ministerio, para la edificación del cuerpo de Cristo, hasta que todos lleguemos a la unidad de la fe y del conocimiento del Hijo de Dios, a un varón perfecto, a la medida de la estatura de la plenitud de Cristo; para que ya no seamos niños fluctuantes, llevados por doquiera de todo viento de doctrina, por estratagema de hombres que para engañar emplean con astucia las artimañas del error, sino que siguiendo la verdad en amor, crezcamos en todo en aquel que es la cabeza, esto es, Cristo, de quien todo el cuerpo, bien concertado y unido entre si por todas las coyunturas que se ayudan mutuamente, según la actividad propia de cada miembro, recibe su crecimiento para ir edificándose en amor" (Ef. 4:11-16). Fíjese en la importancia que se le da al liderazgo espiritual en este pasaje: "...a fin de perfeccionar a los santos para la obra del ministerio, para la edificación del cuerpo de Cristo". Fíjese también que el objetivo para el cual debe ser perfeccionada la iglesia es el crecimiento en Cristo basado en la actitud y la autoridad de Él, no la lealtad hacia el líder mismo: "sino... crezcamos en todo en aquel que es la cabeza". Fíjese además que el liderazgo mismo no provee el crecimiento. Solamente facilita el crecimiento que viene de Cristo, la Cabeza "de quien todo el cuerpo ... recibe su crecimiento para ir edificándose en amor." Cristo es la única fuente de vida y crecimiento para el Cuerpo. El hombre, ya sea que esté o no en una posición de liderazgo altamente visible, sólo puede servir como un canal para la obra y el poder de Cristo. El hombre nunca es la fuente en sí mismo; todo el crecimiento espiritual dentro de la Iglesia proviene "de Él (Cristo)". Sin embargo, para que Cristo logre su trabajo en y a través del Cuerpo se requiere que "cada parte haga su trabajo". Aquí es donde el liderazgo espiritual juega un papel muy importante y nuestra comprensión e instrumentación de tal liderazgo determina la oportunidad de crecimiento del Cuerpo.

Permítanos enfatizar de nuevo que el objetivo del liderazgo espiritual es edificar el Cuerpo de Cristo, no edificarse a sí mismo o a su parte en particular del Cuerpo. Si el foco de atención es el liderazgo mismo, solamente deformará al Cuerpo, en vez de edificarlo. Hemos visto muchos chichones grotescos en el Cuerpo de Cristo debido a esta actitud, la cual disminuye grandemente su belleza. El síndrome de "fijar la atención en el hombre" es como un cáncer al cual solamente le importa su propio crecimiento sin considerar lo que esto haga al resto del Cuerpo. Como sabemos, el cáncer es un proceso de crecimiento adverso poderoso que, si no es tratado, finalmente termina en muerte, no en vida. Cuando la atención de los dirigentes o de los dirigidos se centra en los líderes y no en el Señor, el liderazgo se ha vuelto contrario al propósito por el cual fue creado. En lugar de aumentar y unir, derriba y divide. En lugar de centrarse en Cristo y en su poder vivificante, se centra en el hombre y obstruye el flujo de vida de la Cabeza. No puede ser suficientemente enfatizado que el único propósito del liderazgo espiritual es centrarse en y glorificar a Cristo, no a sí mismo.

Los oficios del ministerio señalados en Efesios 4 se han visto como posiciones que se le da a gente "especial" y que llevan a esta gente a ser "glorificada" en sí misma. Sin embargo, permítanos hacer una pregunta simple: Cuando Pablo escribe: "Y él mismo constituyó a **unos**, apóstoles; a **otros**, profetas; a **otros**, evangelistas; a **otros**, pastores y maestros", ¿cuántos son "unos"? ¿Es una cierta cantidad para cada iglesia local, cada ciudad, cada país, o para todo el mundo? ¿O es un solo hombre o mujer fuerte por cada área o iglesia local en cada una de estos oficios? ¿O es el que parece ser un número aleatorio para la mente humana, según Dios en su plan divino selecciona ciertas personas para el liderazgo espiritual? O, por el contrario, ¿es posible que Dios en su infinita sabiduría tenga una manera de incluir a todos los creyentes en los oficios de ministerio que proveen liderazgo a la Iglesia? En otras palabras, entre nosotros unos son apóstoles, otros son profetas, otros son evangelistas, etc. pero todos nosotros somos algo en esta área. Sin duda, cuando Pablo comienza esta enseñanza plantea: "Pero a cada uno de nosotros fue dada la gracia conforme a la medida del don de Cristo. Por lo cual dice Subiendo a lo alto, llevó cautiva la cautividad, Y dio dones a los hombres. (...) Y él mismo constituyó a unos, apóstoles; a otros, profetas; a otros, evangelistas; a otros, pastores y maestros"(Ef. 4:7-8, 11). Esto parece indicar que todos los cristianos ("cada uno de nosotros") están involucrados.

De acuerdo, no todo el mundo guiará un gran número de personas; la mayoría de nosotros guiará solamente a algunos, quizás a una sola persona. Pero el papel de un dirigente espiritual no está definido por el número de sus "seguidores", como frecuentemente pensamos. Está definido por nuestra obediencia al llamado de Cristo, y cada posición de liderazgo es tan importante a los ojos de Dios, ya sea que influyamos en uno o en mil. ¿Puede ser esta la verdadera estructura de liderazgo de la Iglesia? ¿Que todos somos dirigentes además de seguidores? Al fin y al cabo, cada cristiano es parte de un "real sacerdocio", no hay sólo algunos que son sacerdotes y otros espectadores. Hay una expresión, utilizada frecuentemente en la Iglesia, que verdaderamente no se ajusta a la verdad. Es el título de "laico", que identifica gente del pueblo, común, en comparación con el clero. Esta expresión verdaderamente significa "no sacerdotal" y es una manera incorrecta de señalar cualquier cristiano. En el Nuevo Testamento, todos somos ungidos para el servicio a través de Cristo. No es como en el Antiguo Testamento donde había sólo ciertos profetas y sacerdotes, a quienes buscaba la gente para conocer la voluntad de Dios.

El apóstol Pablo también habla de los dones y oficios para el ministerio en su primera carta a los Corintios: "Vosotros, pues, sois el cuerpo de Cristo, y miembros cada uno en particular. Y a unos puso Dios en la iglesia, primeramente apóstoles, luego profetas, lo tercero maestros, luego los que hacen milagros, después los que sanan, los que ayudan, los que administran, los que tienen don de lenguas. ¿Son todos apóstoles? ¿son todos profetas? ¿todos maestros? ¿hacen todos milagros? ¿Tienen todos dones de sanidad? ¿hablan todos lenguas? ¿interpretan todos? Procurad, pues, los dones mejores. Mas yo os muestro un camino aun más excelente" (1 Co. 12:27-31). Pablo menciona aquí ciertos dones de ministerio que también se encuentran en Efesios 4 y añade además varios otros ministerios y dones, como el don de ayudas y el don de administración. Enseña claramente que no cada don de ministerio es para todos los cristianos. No todo el mundo es maestro, no todo el mundo es profeta, etc. Pero de nuevo, Pablo indica claramente que los dones de ministerio se distribuyen de diversos modos entre todos los creyentes. Pablo se dirige a todos los cristianos en Corinto, no sólo a sus dirigentes principales o a cierto grupo selecto, cuando los exhorta diciendo: "Procurad, pues, los dones mejores."

Sin embargo, comprendiendo el peligro de que haya confusión cuando un gran número de personas participa en el ministerio que da dirección y liderazgo a la Iglesia, Pablo también trae fuertes enseñanzas respecto a la necesidad de control y orden en el ministerio. El riesgo de desorden era particularmente grande entre los corintios, los cuales ya habían mostrado tener una tendencia a la inmadurez espiritual y la división. "¿Qué hay, pues, hermanos? Cuando os reunís, cada uno de vosotros tiene salmo, tiene doctrina, tiene lengua, tiene revelación, tiene interpretación. Hágase todo para edificación. (...) pero hágase todo decentemente y con orden" (1 Co. 14:26, 40). La obra de la Iglesia debe reflejar siempre una variedad en el ministerio como describe aquí Pablo, cuando instruye a los corintios sobre sus reuniones. Esta variedad es esencial para el crecimiento de la Iglesia: "Hágase todo para edificación." Sin embargo, debemos enfatizar que esta diversidad de liderazgo a través de los dones de ministerio distribuidos entre todos los cristianos, no debe ser tomada como una autorización para permitir confusión donde cada uno hace lo que quiere. El ministerio total que Jesús delegó entre todos los creyentes sólo puede ser comprendido cuando cada uno se somete al poder y a la autoridad de Cristo sobre su Cuerpo sin consideración a la posición del hombre en la obra, sea a la propia o a la de alguien más. No puede darse cabida al síndrome de "fijar la atención en el hombre" en el verdadero ministerio de la Iglesia.

Esta visión amplia del liderazgo entre el pueblo de Dios nos liberaría a todos para ser parte del ministerio de la Iglesia de una nueva manera. Esto está expresado en Mateo 28, donde somos llamados a participar en la Gran Comisión. No sólo uno, mientras otros dan dinero para hacer la obra y reciben boletines informativos al respecto u observan mensualmente los resultados por televisión en los programas cristianos dominicales. Por favor, no entienda mal, estos trabajos indudablemente son beneficiosos para la Iglesia cuando se hacen con honradez y fidelidad. No hay duda de que deban ser apoyados, pero la Iglesia tiene que moverse también de una manera mucho más amplia, donde cada miembro participe activamente en la edificación del Cuerpo. De hecho, todos somos llamados, a través de la Gran Comisión, a enseñar a otros, lo cual lo podemos ver como un papel de liderazgo. Esto significa, por supuesto, que todos somos responsables como dirigentes y tenemos que estar prestos para compartir esta responsabilidad.

Si todos los cristianos que caminan con el Señor estuvieran involucrados en el ministerio, ejerciendo algún oficio o don, cambiaría grandemente nuestra visión de liderazgo. Entonces su compañero trabajador en la fábrica podría ser un maestro de acuerdo con Efesios 4, y podría instruirle a usted en la Palabra de Dios el lunes por la tarde de la misma manera que el pastor lo hace el domingo por la mañana. Y la vecina podría hablarle proféticamente a usted de acuerdo con Efesios 4, lo mismo que el maestro bien conocido en el seminario y ampliamente anunciado. Este no disminuiría de ninguna manera la obra de aquellos a quienes Dios ha dado una plataforma altamente visible para instruir a las multitudes. Pero se ensancha la obra de la Iglesia cuando vemos que el liderazgo espiritual es un proceso más diversificado, donde cada cristiano está involucrado de una forma u otra. ¿Será que al suponer que "unos" significa solamente algunas personas especiales, restringimos a Dios y limitamos grandemente sus oportunidades de edificar el Cuerpo?

En cualquier caso, ya sea que opinemos que el liderazgo espiritual debe tener una base muy amplia como se ha planteado aquí, o que el punto de vista más tradicional de un limitado número de personas en el liderazgo es el correcto, probablemente podemos decir a ciencia cierta que Dios desearía establecer el liderazgo espiritual en una escala más amplia de lo que le permite nuestro sistema actual. El comprender esto también neutralizaría el síndrome de "fijar la atención en el hombre". Seríamos menos propensos a centrarnos en ciertas personas si entendiéramos que ese liderazgo se lleva a cabo en una base mucho más amplia dentro de la Iglesia.

La sumisión

Esto también repercutiría en el área de la sumisión entre cristianos. El acto de someterse en su sentido tradicional, (entregarse a la acción, control o poder de a la acción, control o poder dturas en tres áreas. En primer lugar, entrega a Dios: "Someteos, pues, a Dios; resistid al diablo, y huirá de vosotros. Acercaos a Dios, y él se acercará a vosotros. Pecadores, limpiad las manos; y vosotros los de doble ánimo, purificad vuestros corazones" (Stg. 4:7-8). En segundo lugar, sumisión en el matrimonio: "Las casadas estén sujetas a sus propios maridos, como al Señor; porque el marido es cabeza de la mujer, así como Cristo es cabeza de la iglesia, la cual es su cuerpo, y él es su Salvador. Así que, como la iglesia está sujeta a Cristo, así también las casadas lo estén a sus maridos en todo. Maridos, amad a vuestras mujeres, así como Cristo amó a la iglesia, y se entregó a sí mismo por ella" (Ef. 5:22-25). En tercer lugar, sumisión a la autoridad del gobierno: "Por causa del Señor someteos a toda institución humana, ya sea al rey, como a superior, ya a los gobernadores, como por él enviados para castigo de los malhechores y alabanza de los que hacen bien" (1 P. 2:13-14).

La sumisión entre los miembros del Cuerpo de Cristo, sin embargo, es algo muy diferente. La sumisión en la Iglesia tiene un objetivo más profundo y utiliza un vehículo diferente a cualquier otra área de sumisión, aun la sumisión dentro del matrimonio. Aunque es cierto que la familia es una entidad basada en amor y fortaleza interior, esta también es una institución social con consecuencias prácticas para la sociedad.

Por esto tenemos lo que llamamos familias cristianas así como familias no- cristianas en el mundo. No obstante, no es así con la Iglesia. La Iglesia no es una institución social y no existen otras iglesias a los ojos de Dios más que el Cuerpo verdadero de Cristo, aunque a algunos les gustaría pensar así. La Iglesia es una entidad espiritual y la sumisión total dentro de la Iglesia, mientras sea canalizada a través de los miembros del Cuerpo, debe apuntar en una dirección solamente: a la Cabeza, Jesucristo: "Someteos unos a otros en el temor de Dios" (Ef. 5:21). No en el temor a otra gente, a dirigentes, personalidades u organizaciones y sistemas. Cristo tiene que ser el centro de toda la atención. Y el vehículo por el cual se implementa esta sumisión es específico y sencillo: el amor. "Un mandamiento nuevo os doy: Que os améis unos a otros; como yo os he amado, que también os améis unos a otros. En esto conocerán todos que sois mis discípulos, si tuviereis amor los unos con los otros" (Juan 13:34-35). Repetimos de nuevo, la sumisión dentro de la Iglesia tiene un solo objetivo: señalar el poder y la autoridad de Cristo, nunca el de la Iglesia misma o el de su liderazgo. Aquí es donde nos equivocamos a veces. Pensamos que la sumisión espiritual se demuestra por el poder y la autoridad de los siervos de Dios. Regimos y somos regidos unos por otros, en lugar de someternos en amor, lo cual resaltaría la obra de Cristo y destacaría su autoridad de modo tal que la parte de sumisión se volvería transparente. Nos encontramos nuevamente con el síndrome de "fijar la atención en el hombre".

Ya que el vehículo para la sumisión en la Iglesia es el amor, funciona de manera diferente a otras áreas de sumisión requeridas por Las Escrituras. La sumisión por amor es totalmente diferente a la sumisión basada en un requisito legal. Por ejemplo, si usted ve un letrero que dice "Prohibido Estacionarse" al lado de la calle, no obedece necesariamente lo que dice el letrero debido al amor que siente por el policía parado en la esquina de la calle buscando a quién atrapar. Probablemente obedecerá con el motivo bastante egoísta de evitar una multa y ahorrarse dinero. ¡Muchos de nosotros, como cristianos, nos estacionaríamos donde dice "Prohibido estacionarse" en un segundo si supiéramos que no se nos atraparía! ¡Especialmente si estuviéramos llegando tarde al culto de la iglesia! Nuestra sumisión a las reglas de estacionamiento se basa en la comprensión clara que el gobierno puede llegar y castigarnos si desobedecemos estas reglas. En este particular no nos motiva el amor para nada.

Hay un elemento de esto en nuestra relación con Dios. Nos sometemos a Dios porque Él nos ama y nosotros lo amamos, pero hay también un temor reverencial. Sabemos que Él es la Fuente definitiva de amor, mostrada en el sacrificio de Cristo. Pero es también el Supremo Castigador del pecado. Esto añade una dosis de reverencia bastante sana a nuestra sumisión a Dios. Sin duda, las Escrituras nos instan específicamente a tener temor de Dios, lo cual es una cosa buena. Pero temer a Dios no es estar temerosos de Él, sino temer realizar aquello que no le place a Él. Es por esto que el acto definitivo de temor de Dios es "... que creáis en el que él ha enviado." (Juan 6:29), ya que esta es la única manera en que podemos complacer a Dios.

La sumisión de unos a otros dentro de la Iglesia, sin embargo, sólo debe ser motivado por el amor profundo que tenemos unos por otros por medio del nuevo nacimiento en Jesús. Debido a esta fuerza motriz del amor, estamos dispuestos a recibir instrucción, disciplina y aliento de cualquiera que el Señor pueda escoger usar en nuestra vida. Este tipo de sumisión no es algo que nos amenaza, ya que se hace todo en amor, y ni siquiera será percibido como sumisión con fuertes exigencias de obediencia, sino más bien como un privilegio de caminar muy cerca del Señor.

La sumisión que se basa en cualquier otra cosa no funcionará. Si decidiéramos someternos a cierto liderazgo debido a algún poder y autoridad que este tenga en sí mismo, seremos decepcionados. La sumisión por amor a los miembros del Cuerpo siempre debe verse como sumisión a la autoridad de Cristo. Lamentablemente, en lugar de eso a veces vemos que los cristianos se someten a otros cristianos, a dirigentes, a doctrinas, a congregaciones locales, a estructuras denominacionales, a las grandes obras de Dios, etc., y no a Cristo, la Cabeza.

Repetimos, el Señor utiliza a los miembros del Cuerpo para facilitar la sumisión debida: "Obedeced a vuestros pastores, y sujetaos a ellos; porque ellos velan por vuestras almas, como quienes han de dar cuenta; para que lo hagan con alegría, y no quejándose, porque esto no os es provechoso" (He. 13:17). Pero fíjese que no nos sometemos al dirigente mismo, sino a su autoridad, que es la propiedad de Cristo. Cuando el liderazgo espiritual funciona correctamente, obedecemos y nos sometemos porque estas son personas que tienen que rendir cuentas a Cristo. En otras palabras, no estamos y nunca debemos estar sujetos a la autoridad del hombre en sí, sino únicamente a la de Cristo. Es posible recibir enseñanzas de alguien y reconocerlo como parte del ministerio de Jesús, sin tener que estar unido a esa persona bajo el mismo yugo.

Muchas veces nos sentimos obligados a reconocer y elevar a una persona simplemente porque Dios la ha usado de manera especial. Esto es una equivocación. No es necesario; sólo tenemos que reconocer y elevar a Cristo en la situación. Cristo es el Líder, es la Autoridad, es el Pastor de su rebaño. Así, para que el Cuerpo pueda hacer su trabajo, debe haber sumisión de unos a otros en amor. Entonces estaremos verdaderamente sometidos a Cristo y Él estará libre para llevar a cabo su obra. E apóstol Pedro habla claramente de las áreas de sumisión cuando dice: "Honrad a todos. Amad a los hermanos. Temed a Dios. Honrad al rey" (1 Pe 2:17).

Los dirigentes de la Iglesia del Nuevo Testamento son siempre siervos, nunca reyes o regidores. Jesús establece esto de una manera maravillosa cuando lava los pies de sus discípulos: "sabiendo Jesús que el Padre le había dado todas las cosas en las manos, y que había salido de Dios, y a Dios iba, se levantó de la cena, y se quitó su manto, y tomando una toalla, se la ciñó. Luego puso agua en un lebrillo, y comenzó a lavar los pies de los discípulos, y a enjugarlos con la toalla con que estaba ceñido" (Jn. 13:3-5). Nadie hubiera podido argumentar si las Escrituras hubieran dicho en lugar de eso: "sabiendo Jesús que el Padre le había dado todas las cosas en las manos, se levantó, ordenó que todos le pusieran atención, exigió privilegios especiales, ¡y verdaderamente se aseguró que los discípulos supieran quién estaba a cargo!" Jesús, con su estatura y antecedentes, ciertamente podría haberlo hecho. Pero no lo hizo. Él se rebajó a sí mismo a una posición de siervo y nos dio literalmente una lección práctica sobre el liderazgo y la sumisión en la Iglesia. "Así que, después que les hubo lavado los pies, tomó su manto, volvió a la mesa, y les dijo: ¿Sabéis lo que os he hecho? Vosotros me llamáis Maestro, y Señor; y decís bien, porque lo soy. Pues si yo, el Señor y el Maestro, he lavado vuestros pies, vosotros también debéis lavaros los pies los unos a los otros. Porque ejemplo os he dado, para que como yo os he hecho, vosotros también hagáis. De cierto, de cierto os digo: El siervo no es mayor que su señor, ni el enviado es mayor que el que le envió. Si sabéis estas cosas, bienaventurados seréis si las hiciereis" (Jn. 13:12-17).

¿Comprendemos lo que Jesús hizo aquí? Desvió toda la atención de su propia posición, centrándola en un gran acto de servidumbre, más que en un gran acto de autoridad. Sí, indiscutiblemente tenía gran autoridad, pero no consideró necesario enfocarse en ella. Y como dijo, como no somos mayores que Él, ¿por qué deberíamos hacer cualquier otra cosa? ¡Qué bendición para la Iglesia si pudiéramos centrarnos en servirnos unos a otros como Él nos sirvió, en lugar de centrarnos en quién tiene poder, autoridad, posición y condición de "personaje".

El hombre ha tenido siempre una tendencia a enfocarse en tales cosas, ya sea su propio poder y autoridad o el de otra persona. Ya hablamos de la vez que Jesús dice a sus discípulos cómo vio que Satanás caía del cielo como relámpago. Dijo esto cuando los setenta y dos discípulos regresaron y manifestaron su alegría de que los demonios se les sometían en su nombre. Jesús entonces les reiteró la autoridad que tenían sobre el enemigo. Pero a continuación realizó una declaración importantísima: "Pero no os regocijéis de que los espíritus se os sujetan, sino regocijaos de que vuestros nombres están escritos en los cielos" (Lc. 10:20). Los discípulos regresaron enfocados en el poder y la autoridad que ahora tenían en el nombre de Jesús. Esto es muy típico; tendemos siempre a ocuparnos del poder, de la autoridad, de la fama, del dinero o de cualquier otra cosa que nos hace pensar que estamos en control hasta cierto punto. Pero Jesús pronto hizo que quitaran su atención del gran poder y autoridad que tenían para fijarla en el hecho de que eran el objeto de su gran misericordia, lo cual les aseguraba la ciudadanía en el Reino celestial. Es como si Jesús dijera: "¡Ten cuidado! Esta es la misma actitud que hizo que Satanás fuera arrojado del cielo".

Esta es una lección importante para la Iglesia en cada generación. No nos enfoquemos en el poder, la autoridad y la posición que nosotros mismos o cualquier otro pueda tener. Ocupémonos de la gran misericordia del Señor, sin la cual todos estaríamos perdidos. Centrémonos en su poder, en su posición, su autoridad y el hecho que estamos involucrados en la obra del Señor sólo por su gracia y misericordia. La Iglesia no puede nunca ser edificada de otra manera. Podemos crear impresionantes estructuras humanas, al edificar alrededor de la atención en el hombre y su posición. Podríamos tener éxito financiero y estadístico, pero nunca podremos construir una casa espiritual de esa manera. Sólo con la visión correcta del liderazgo espiritual, que incluye el servicio y la sumisión a Cristo, la Cabeza, podrá la Iglesia "edificarse en amor".

¿De quién es el ministerio?

Nuestra visión del liderazgo espiritual es impactada fuertemente por la forma en que entendemos el término "ministerio". Frecuentemente oímos frases como: "el ministerio de fulano", "mi ministerio", "su ministerio", etc. Este tipo de declaraciones se utilizan hoy para identificar cosas específicas, tales como el llamado de una persona y su labor específica, la ubicación geográfica de una obra, una iglesia local, una corporación sin fines de lucro organizada de acuerdo con las leyes federales y estatales, etc. Sin embargo, el identificar una cierta obra por el nombre de una persona u organización, sea el de nosotros mismos o el de otros, muchas veces establece posición, poder, control, gloria y atención donde no corresponde.

Veamos un ministerio en el Nuevo Testamento. "Ahora bien, el punto principal de lo que venimos diciendo es que tenemos tal sumo sacerdote, el cual se sentó a la diestra del trono de la Majestad en los cielos, ministro del santuario, y de aquel verdadero tabernáculo que levantó el Señor, y no el hombre. Porque todo sumo sacerdote está constituido para presentar ofrendas y sacrificios; por lo cual es necesario que también éste tenga algo que ofrecer. ... Pero ahora tanto mejor ministerio es el suyo, (los sumos sacerdotes del Antiguo Testamento) cuanto es mediador de un mejor pacto, establecido sobre mejores promesas" (He. 8:1-3, 6).

Para evitar el síndrome de "fijar la atención en el hombre" en el liderazgo espiritual, es importante que entendamos la diferencia entre el ministerio en el Antiguo Testamento y en el Nuevo Testamento. En el Antiguo Testamento Dios designó sacerdotes para ofrecer los sacrificios y ser los mediadores entre Él y la gente. En el Nuevo Testamento, Jesús ofreció el sacrificio definitivo y se constituyó a Él mismo como el único mediador entre Dios y el hombre. Así, hay solamente un ministerio en la Iglesia del Nuevo Testamento: el ministerio de Jesús. Cualquiera que desee tener un ministerio en el Nuevo Testamento puede hacerlo de una sola manera: participando en el ministerio de Jesús. De la misma forma en que Jesús vivió en la tierra como un canal para la obra del Padre, no la suya, hoy día somos canales para la obra de Jesús, no la nuestra. "¿No crees que yo soy en el Padre, y el Padre en mi? Las palabras que yo os hablo, no las hablo por mi propia cuenta, sino que el Padre que mora en mi, él hace las obras" (Jn. 14:10). Es el Señor quien vive en nosotros y realiza su obra a través de nosotros, así como el Padre vivía en Jesús y realizaba su obra a través de Él cuando Jesús estaba en la tierra. No somos nosotros quienes lo utilizamos como un amplificador para "nuestra" obra. Sólo existe uno que puede decir con veracidad "mi" ministerio: Jesús.

A veces actuamos como si Dios hubiera contratado un número de "administradores" para llevar los diferentes departamentos de su obra y les hubiera dado a ellos autoridad casi ilimitada para actuar como consideran correcto. Este no es un punto de vista correcto. Toda la autoridad en el cielo y en la tierra ha sido dada a Jesús, así que ya no queda ninguna autoridad para nosotros. Sólo podemos ejercitar autoridad cuando participamos de su autoridad; sólo podemos ministrar cuando participamos en su ministerio. Ni siquiera nuestro trabajo diario es nuestro en sí: "Porque somos hechura suya, creados en Cristo Jesús para buenas obras, las cuales Dios preparó de antemano para que anduviésemos en ellas" (Ef. 2:10). Estas escrituras conocidas no dicen que Dios creó esas buenas obras de modo que pudiéramos hacer un buen trabajo para Él a través de "nuestro" ministerio. Dicen que Dios ya creó esas buenas obras y podemos participar en ellas si nos entregamos al ministerio de Jesús. Aunque vayamos a ser la cabeza del mayor "ministerio" del mundo, aún debemos tener la mirada puesta en el hecho de que no somos nada, ni tenemos nada, ni controlamos nada. Sólo estamos participando en el ministerio de Jesucristo.

Cuando entendamos esta característica primordial del Nuevo Testamento, podremos poner nuestra atención donde debe estar: en el Ministro mismo. Entonces el hecho de que el Señor escoge utilizar gente de diferentes maneras y en diferentes niveles tendrá mucha menos importancia. Por lo tanto, nos centraremos en el ministerio de Jesús, no en el hombre que Él escoge para llevar a cabo tal o cual parte de su ministerio. También nos alegraremos cuando Dios hace algo grande a través de alguien más que no sea a través de nuestra obra, nuestro grupo o nuestra iglesia. No debemos ponernos celosos o competitivos ante una situación tal, sino más bien agradecer a Dios por la obra que Él está haciendo y bendecir la obra en su nombre. Cualquiera que no esté procediendo con tal actitud no puede ser un verdadero líder en la Iglesia. Y los cristianos que estén fascinados por ciertos dirigentes y que no puedan regocijarse sinceramente sobre la obra de Dios hecha a través de otros, debido a que "su ministro preferido" no figuró en el centro, perderán gran parte de plan de Dios para su Iglesia.

Ciertamente de vez en cuando expresiones como "mi ministerio" son utilizadas por siervos de Dios hasta en las Escrituras. Un ejemplo lo encontramos en Romanos: "Porque a vosotros hablo, gentiles. Por cuanto yo soy apóstol a los gentiles, honro mi ministerio, por si en alguna manera pueda provocar a celos a los de mi sangre, y hacer salvos a algunos de ellos" (Ro. 11:13-14). Pablo, conocido por utilizar diferentes métodos de evangelización, en este situación destaca "su" ministerio por una razón especial: desea provocar envidia entre los judíos de modo que puedan buscar lo que ahora ha sido ofrecido a los gentiles. Él se señala "con orgullo" a sí mismo como teniendo una parte significativa en la proclamación de la salvación a los gentiles, esperando que sus compatriotas judíos tengan envidia de los gentiles y busquen el regalo de la salvación por medio de Cristo. De ninguna manera está intentando establecer "su" ministerio, en el sentido de recibir autoridad y posición especiales para él mismo. Más bien está enfocando su parte en el ministerio de Jesús.

Note también que hace esto en conexión con judíos no creyentes, quienes no entendían las particularidades del ministerio de Jesús. Los no creyentes frecuentemente piensan que los siervos de Dios tienen algún tipo de poder y control en sí mismos, ya que ignoran el papel de Cristo detrás de todo la obra. Sería difícil para ellos comprender la relación correcta entre Cristo y sus siervos ya que no cuentan con el discernimiento y la sabiduría necesarias. Sería como intentar explicar pagos de hipoteca y embargos preventivos del banco a niños pequeños para hacerles entender que su casa pertenece verdaderamente al banco, aun cuando su familia la ocupa todos los días. Usted puede también llamarla "mi casa" ya que los niños no entenderían mucho de cualquier manera. Sin embargo, cuando se dirige a creyentes respecto al reino espiritual, Pablo indica siempre que no es sino por gracia que él es parte del ministerio de Cristo, quien pagó por todo y posee todos los derechos de propiedad: "no que seamos competentes por nosotros mismos para pensar algo como de nosotros mismos, sino que nuestra competencia proviene de Dios, el cual asimismo nos hizo ministros competentes de un nuevo pacto, no de la letra, sino del espíritu; porque la letra mata, mas el espíritu vivifica" (2 Co. 3:5,-6).

El ministerio que tienen todos los creyentes en el Nuevo Testamento es servir en el ministerio de Jesús. No podemos tener "nuestro" ministerio, pero podemos servir como ministros en su ministerio. Podemos participar de su poder y autoridad pero nunca reclamarlo o utilizarlo como nuestra propiedad. Aunque expresiones como "mi ministerio" son utilizadas a veces en el Nuevo Testamento para identificar la obra específica de una persona, el apóstol Pablo y otros estaban completamente conscientes de que no eran sino parte del ministerio de Jesús y que no tenían autoridad por sí mismos. Pablo resalta con vigor la tontería de poner en alto sus propios atributos, aun cuando él mismo lo hace algunas veces: "Puesto que muchos se glorían según la carne, también yo me gloriaré... Pero en lo que otro tenga osadía (hablo con locura), también yo tengo osadía. ¿Son hebreos? Yo también. ¿Son israelitas? Yo también. ¿Son descendientes de Abraham? También yo. ¿Son ministros de Cristo? (Como si estuviera loco hablo.) Yo más..." (2 Co. 11:18, 21-23).

Pablo indica directamente que es mundano y tonto intentar establecer rangos y posiciones de ministerio entre hombres involucrados en la obra de Jesús. Todos somos participantes de su ministerio por su gracia, no por nuestros méritos o por haber ganado cierta autoridad por nosotros mismos.

La percepción correcta de cristianos como ministros es bien esbozada en la segunda carta a los corintios: "Y todo esto proviene de Dios, quien nos reconcilió consigo mismo por Cristo, y nos dio el ministerio de la reconciliación; que Dios estaba en Cristo reconciliando consigo al mundo, no tomándoles en cuenta a los hombres sus pecados, y nos encargó a nosotros la palabra de la reconciliación. Así que, somos embajadores en nombre de Cristo, como si Dios rogase por medio de nosotros; os rogamos en nombre de Cristo: Reconciliaos con Dios" (2 Co. 5:18-20). Todos somos embajadores de Cristo, represen-tantes de su ministerio, y Él habla a través de nosotros. Ministramos en favor de Cristo, no sobre la base de nuestro propio poder, posición o control. Este es precisamente el ministerio del Nuevo Testamento, el cual involucra a todos los seguidores de Cristo como siervos y ministros en Él.

Queremos reiterar y hacer hincapié en el hecho de que sólo Jesús puede verdaderamente decir "mi" ministerio. Y Él invita a todo el Cuerpo de Cristo a participar en este ministerio. El concepto aceptado hoy en día es que los llamados evangelistas, pastores, maestros, etc. son quienes realizan la obra espiritual, mientras que el resto de la Iglesia básicamente los sostiene en "su" ministerio. Pero no es así. En realidad, ellos deberían fungir como instructores para entrenar y preparar al pueblo de Dios para trabajar en el ministerio: "Y él mismo constituyó a unos... a otros, pastores y maestros, a fin de perfeccionar a los santos para la obra del ministerio." Una vez más, el ministerio pertenece a Jesús, y la obra del ministerio es hecha por toda la Iglesia, no sólo por algunos hombres y mujeres "especiales". Debemos entender esto claramente para poder quitar nuestra atención del hombre y fijarla en la Cabeza, que es donde pertenece. Sobre esta base, Cristo elige usar a los cristianos como Él quiere para realizar su ministerio: "¿O no tiene potestad el alfarero sobre el barro, para hacer de la misma masa un vaso para honra y otro para deshonra?" (Ro. 9:21). Somos de la "misma arcilla", aunque el Alfarero elija formarnos de diferentes maneras para diferentes usos.

Esto nos lleva a comprender algo importante. En el Antiguo Testamento cuando Moisés les explica a la gente la Ley y la importancia del pacto de sangre, dice: "Y además de esto, roció también con la sangre el tabernáculo y todos los vasos del ministerio" (He. 9:21). Se utilizaba la sangre para ratificar el antiguo pacto, para rociar la gente, el tabernáculo, los vasos del ministerio, etc. Sin embargo, cuando el sumo sacerdote entraba una vez al año al Lugar Santísimo en el Día de la Expiación para ofrecer la sangre del sacrificio y quemar incienso, la gente debía permanecer en el patio exterior. Sólo los vasos necesarios para desempeñar estas tareas podían estar con el sumo sacerdote detrás del velo.

Es diferente en el Nuevo Testamento. "Así que, hermanos, teniendo libertad para entrar en el Lugar Santísimo por la sangre de Jesucristo, por el camino nuevo y vivo que él nos abrió a través del velo, esto es, de su carne, y teniendo un gran sacerdote sobre la casa de Dios, acerquémonos con corazón sincero, en plena certidumbre de fe, purificados los corazones de mala conciencia, y lavados los cuerpos con agua pura" (He. 10:19-22).

Ahora somos vasos del ministerio de sumo sacerdocio de Jesús y podemos entrar al Lugar Santísimo, rociados con su sangre. Tales vasos son esenciales para el ministerio de Jesús en el Nuevo Testamento, así como los vasos del ministerio eran necesarios para que el sumo sacerdote desempeñara sus tareas en el Antiguo Testamento. Esto le fue revelado al apóstol Pablo a raíz de su conversión cuando Dios le dijo a Ananías que le transmitiera un mensaje: "El Señor le dijo: Ve, porque instrumento escogido me es éste, para llevar mi nombre en presencia de los gentiles, y de reyes, y de los hijos de Israel" (Hch. 9:15).

Un vaso es simplemente un recipiente para sostener la sustancia que no proviene de sí mismo. Es importante comprender esto mientras intentamos desenmascarar el síndrome de "fijar la atención en el hombre". El que llena y utiliza el vaso es el importante, no el vaso mismo, aunque haya sido formado para un uso más honorable. Por gracia somos vasos en el ministerio de Jesús. En lugar de centrarnos en "nuestro" ministerio en y a través de Él, debemos poner todo el énfasis en su ministerio en y a través de nosotros.

Los ancianos

Un liderazgo efectivo es muy importante para la Iglesia y no intentamos sugerir otra cosa. Pero enfatizamos que para que el liderazgo espiritual tenga éxito, tiene que ser libre del síndrome de "fijar la atención en el hombre"; de otra manera tendremos un Cuerpo dividido por la competencia y la búsqueda de poder, como lamentablemente sucede muchas veces. Esto tiene mucho que ver con la manera en que los líderes se ven a sí mismos, y también con la manera en estos son vistos por los cristianos a quienes guían. El apóstol Pedro se dirige a otros líderes de una manera que puede ser un modelo para todo el liderazgo espiritual. "Ruego a los ancianos que están entre vosotros, yo anciano también con ellos, y testigo de los padecimientos de Cristo, que soy también participante de la gloria que será revelada: Apacentad la grey de Dios que está entre vosotros, cuidando de ella, no por fuerza, sino voluntariamente; no por ganancia deshonesta, sino con ánimo pronto; no como teniendo señorío sobre los que están a vuestro cuidado, sino siendo ejemplos de la grey. Y cuando aparezca el Príncipe de los pastores, vosotros recibiréis la corona incorruptible de gloria" (1 Pe 5:1-4).

Debe ser resaltado que entre las posiciones de liderazgo en la Iglesia del Nuevo Testamento, la de los ancianos es la de mayor alcance en supervisión, o autoridad de "gobernar". "Los ancianos que gobiernan bien, sean tenidos por dignos de doble honor, mayormente los que trabajan en predicar y enseñar" (1 Ti. 5:17). El vehículo utilizado por Dios para dirigir la Iglesia desde una posición de gobierno son los ancianos. Por eso hay requisitos estrictos para la gente en dicho papel de liderazgo: "El que fuere irreprensible, marido de una sola mujer, y tenga hijos creyentes que no estén acusados de disolución ni de rebeldía. Porque es necesario que el obispo sea irreprensible, como administrador de Dios; no soberbio, no iracundo, no dado al vino, no pendenciero, no codicioso de ganancias deshonestas, sino hospedado, amante de lo bueno, sobrio, justo, santo, dueño de sí mismo, retenedor de la palabra fiel tal como ha sido enseñada, para que también pueda exhortar con sana enseñanza y convencer a los que contradicen" (Tit. 1:6-9). También es interesante observar que mientras Dios designa el liderazgo en forma de apóstoles, maestros, profetas, etc., dados como regalos a la Iglesia sin elección o aprobación del hombre, el propio hombre es autorizado para designar a los ancianos: "Y constituyeron ancianos en cada iglesia, y habiendo orado con ayunos, los encomendaron al Señor en quien habían creído" (Hch. 14:23). El Señor sabe que su Iglesia existirá en un mundo práctico y material donde hay una necesidad de cierto liderazgo visible. Pareciera que el Señor dio este papel a los ancianos y que estamos autorizados a designarlos nosotros mismos basados en nuestro sentido común espiritual. Pero los vasos del ministerio de Cristo, relacionados principalmente con el crecimiento espiritual del Cuerpo de Cristo, Él los designa, forma y utiliza en la manera que a Él le place sin la aprobación previa del hombre. Por supuesto que los ancianos también estarían involucrados en los oficios de ministerio de evangelistas, pastores, maestros, etc. y viceversa.

Pedro se presenta a sí mismo como un co-anciano a los cristianos de Asia Menor. Esta podría ser una designación apropiada para todo el liderazgo en autoridad entre los cristianos. Si alguna persona dentro de la Iglesia se ve como alguien que "gobierna" a la Iglesia, debiera ser como un anciano, entre varios ancianos. Y el liderazgo colectivo de la Iglesia debería verse a sí mismo como los co-ancianos a los que el apóstol Pedro tan inteligentemente nombró en su carta. Esta es también la manera en que todo el liderazgo en autoridad debe ser visto por todos los cristianos: "ancianos", sea a nivel local, nacional o internacional. Esto neutralizará efectivamente el síndrome de "fijar la atención en el hombre", ya que el liderazgo a través de "ancianos" es repartida en una base suficiente amplia como para quitar la atención de una persona en particular y evitar la constitución de seres humanos "especiales". Esta expresión implica liderazgo de muchos, que es exactamente lo que Dios quiere. Esto también resolvería el problema de aquellos que se involucraron en alguna obra cristiana simplemente porque quieren verse a sí mismos como un gran líder en una gran plataforma. Ellos mismos se cansarían rápidamente y se secarían si se les tratara como sólo uno entre todos los demás "ancianos" de la Iglesia.

Aquí surge otra pregunta interesante y hasta cierto punto delicada. ¿Debería la percepción de "anciano" aplicarse a la iglesia local también en un mayor modo de lo que actualmente es el caso? ¿Estamos contribuyendo al síndrome de "fijar la atención en el hombre" al poner tanto énfasis en el pastor/anciano de una iglesia local y su papel en el ministerio de Jesús? Recuerde que no es su ministerio, sino el de Jesús. ¿Acaso impedimos el alcance del ministerio del Señor al poner demasiada atención en un vaso favorito en la iglesia local?

Seamos sinceros: muchos cristianos asisten a cierta iglesia porque les gusta el pastor. Esto no significa que el pastor no deba ser apreciado y que su papel no sea importante. Ciertamente lo es. Pero si se convierte en el punto central de la iglesia, caemos otra vez en el síndrome de "fijar la atención en el hombre". Los diferentes oficios del ministerio de Jesús: apóstoles, maestros, profetas, etc., han sido dados para traer equilibrio a la Iglesia. Demasiado énfasis en cualquiera de ellos lanzará a la Iglesia al desequilibrio. Esto también se aplica al ministerio del pastor.

Una forma de evitar esto es si miramos el liderazgo espiritual local de una manera más amplia, es decir, si consideramos que el liderazgo está constituido de "ancianos", donde muchos tienen el mismo papel y la misma autoridad, de modo que ninguno es elevado en particular ni recibe atención indebida. Cuando entendemos que Cristo ha delegado su autoridad a muchos, aun en la iglesia local, y que estos líderes deben compartir entre ellos el liderazgo y la responsabilidad, será más fácil dejar de fijarnos indebidamente en el hombre. De esta manera, la Iglesia también evitaría muchos problemas que surgen cuando el dirigente "principal" cae o es incapaz de guiar por alguna otra razón. De no ser así, ya que todo se formó a su alrededor, también todo se vendrá abajo a su alrededor. Esto puede ser evitado si aplicamos el concepto de "co-ancianos" a cualquier tipo de obra cristiana. De esta manera, habrá otras personas para seguir adelante con la obra con mínimas interrupciones si surgen tales problemas.

Los pastores que ocupan los púlpitos de iglesia el domingo y firman cheques para corporaciones no lucrativas no son los únicos "pastores" que existen. Por ejemplo, cada marido cristiano debe verse a sí mismo como el "pastor" de su familia. Además, los maestros que trabajan a tiempo completo en una obra cristiana no son los únicos "maestros". Este es un concepto importante que determina la madurez actual del Cuerpo de Cristo en el mundo. Necesitamos evitar la adhesión indebida a ciertos mensajeros, a su nombre, su estilo de predicar, su organización, etc., de modo que el ministerio de Cristo pueda fluir libremente a través de su Cuerpo.

Es un hecho que numerosos cristianos se identifican a sí mismos según la iglesia a la que asisten, la doctrina en la que creen, el nombre de su denominación, el ministerio al que apoyan, el estilo del predicador que les gusta, etc. y no como simples seguidores de Cristo. Esto nos ha hecho fijar la atención en los vasos de ministerio más que en el Ministro que usa los vasos de ministerio en su obra. Cristo es la Cabeza de la Iglesia, el Rey del Reino, el Ministro del Nuevo Pacto y el Pastor de su rebaño. Por gracia, Él usa vasos como usted y yo para los propósitos de su ministerio. Pero sean quiénes sean, a estos vasos no se les debe dar atención indebida.

Con esto en mente (¡y espíritu!), podemos quitar nuestra atención de los dirigentes en particular y ponerla en Cristo, donde debe estar. El liderazgo en la Iglesia se centra completamente en la Cabeza, y es dirigido exclusivamente por la Cabeza. Y el Señor delega su autoridad de liderazgo de un modo tan amplio que es impropio centrarla en personas específicas, o "vasos" favoritos dentro del liderazgo de la Iglesia. Si hacemos esto, estamos violando los propios principios del Cuerpo como fueron dados por Cristo.

La autoridad espiritual

Hablemos del área de la autoridad espiritual ya que esta tiene que ver con el liderazgo espiritual. Debemos repetir lo que planteamos anteriormente: el hombre no puede tener autoridad en sí mismo, sino que participa de la autoridad de Cristo. Jesús dijo: "Toda potestad me es dada en el cielo y en la tierra" de modo que ya toda la autoridad le pertenece a Él. No queda autoridad que el hombre pueda tomar; lo único que este puede hacer es participar en la autoridad de Cristo. Es muy importante que la Iglesia lo comprenda; así se eliminará el concepto falso de que la autoridad, delegada por Cristo al hombre, de alguna manera viene a ser propiedad nuestra y que la podemos utilizar como queremos. Recuerden que participamos en la obra del Señor como vasos en su ministerio, no como administradores o controladores de algunos de sus departamentos. No somos reyes o regidores, ni tenemos otro título que podría implicar autoridad en la tierra.

Vamos a mirar algunas áreas que equivocadamente se han considerado como indicadores de autoridad espiritual. El más obvio es el área de las cifras y las estadísticas. En gran parte, la Iglesia ha adoptado una noción incorrecta de que las cifras y las estadísticas de crecimiento son verdadera evidencia de la bendición de Dios y de que hay autoridad espiritual genuina en la obra. El tamaño de las iglesias y de los "ministerios", el crecimiento de las denominaciones, las cifras de asistencia, la cantidad de dinero que se ha colectado, el número de libros vendidos, el número de conversiones, etc. parecen ocupar un lugar preponderante en nuestra percepción de lo que Dios está o no está haciendo. Por ejemplo, cuando buscamos autoridad espiritual entre el liderazgo, inmediatamente determinamos que el pastor de la iglesia más grande, el maestro que atrae más gente, etc., es el que tiene más autoridad. Esto es más o menos un hecho en nuestros días. Si alguien tiene un "ministerio exitoso" numéricamente, inmediatamente concluimos que tiene autoridad del Señor. Y mientras más grande sea el ministerio, ¡mayor es la autoridad!

Esta es una visión incorrecta. La autoridad no proviene de las estadísticas o las cifras positivas; estas no son un reflejo de la autoridad espiritual. La autoridad proviene de Jesucristo, cuya definición de éxito y de eficacia es completamente diferente a la definición del mundo. Muy a menudo no se sabe qué definición estamos aplicando en la Iglesia: la de Cristo o la del mundo. Parece que para nosotros, el renglón más importante es el de la cantidad. Pero para Dios el renglón más importante es el de la calidad. Y en nuestra ansiedad de alcanzar una alta calificación en cuanto a cantidad, dañamos la medición de la calidad. Cuando nos esforzamos por alcanzar la cantidad, el reino de Dios parece progresar con poder. Sin embargo, tal vez no sea así desde el punto de vista de calidad espiritual. Podemos hasta estar retrocediendo justo en medio de nuestras estadísticas extraordinarias. Esto no implica que las estadísticas menos cuantiosas sean más espirituales. Dios desea expandir su Iglesia para incluir a todos; quiere producir cifras y estadísticas mayores de lo que podamos imaginar. Sin embargo, el tipo de medida que utilizamos para evaluar y recibir autoridad determinará si esa expansión puede o no llevarse a cabo. Si estamos cegados y somos incapaces de recibir verdadera autoridad espiritual donde el Señor la ha puesto, porque seguimos buscando los atributos del mundo, como cifras, estadísticas y posiciones importantes, no entenderemos la manera en que obra Dios y nos perderemos su perfecto plan. El Señor deberá entonces trabajar con el que podríamos llamar el "plan B", una versión modificada de su perfecto plan. ¡Gracias a Dios que Él tiene un plan alterno! Pero no es lo que Él preferiría.

Hay algo que debemos entender bien en cuanto a los números y las estadísticas que llevamos. ¡En realidad, todas están equivocadas! Sólo Dios sabe el número de cristianos en el mundo. Sólo Dios sabe cuántos de verdad han nacido de nuevo en una iglesia local. Sólo Dios sabe cuántos verdaderamente dieron su corazón a Cristo en una reunión de avivamiento. Sólo Dios sabe cuántos nombres están escritos en el Libro de la Vida del Cordero. Nuestros números no son sino adivinaciones locas y mundanas, ¡para realzar nuestra reputación ante los demás! Corremos el riesgo de presentar mentiras cada vez que damos números y estadísticas basados en nuestro punto de vista y entendimiento. Dios evalúa las cosas desde una perspectiva espiritual, y sólo Él puede determinar los hechos reales. A veces usamos expresiones como: "El cielo mostrará la verdad." Sin duda, eso es muy cierto. El único problema es que usamos ese tipo de expresiones cuando nuestros números son bajos y poco atractivos. Si pensamos que tenemos estadísticas magníficas que presentar, ¡ciertamente no esperamos estar en el cielo para divulgarlas! Inmediatamente las proclamamos en grandes encabezados por todos lados. Sin embargo, debemos aprender a dejar el análisis de todo esto al Señor, ya que de todas maneras nuestras cifras no son exactas. Nunca deberían ser utilizadas como una medida de autoridad espiritual.

Otra área de medición de autoridad espiritual equivocada se encuentra en la cantidad e intensidad de palabras y mensajes comunicados por la Iglesia. Con la ayuda de los medios de comunicación modernos, los mensajes de la Iglesia a través de radio, televisión, libros, revistas, cassettes, música, cultos en la iglesia, seminarios, conciertos, conferencias, etc. pueden ahora alcanzar a más personas que en cualquier otra época. De hecho, un solo predicador puede alcanzar a más personas por radio o televisión en media hora que los doce discípulos de Jesús juntos en toda su vida. Sin duda, ¡el mundo debiera haber sido completamente salvado y restaurado varias veces ya! Esta habilidad extensiva y poderosa inmediatamente nos lleva a pensar que debe haber autoridad espiritual envuelta aquí. Tal como se dice: "Si está impreso en el papel, entonces ¡debe ser verdad!" No es necesariamente cierto. La habilidad de proclamar palabras y mensajes no asegura automáticamente autoridad espiritual. Y todos esos mensajes son a veces tan contradictorios ¡que pareciera que Dios fuera un viejo senil en su mecedora de oro en el cielo, que olvida de una hora a la otra lo que ha dicho! Si todo lo que se llama "palabra de Dios" verdaderamente fuera palabra de Él, concluiríamos que Dios está bastante confundido. Por supuesto que no es así. El problema radica en nosotros: Estamos tan ocupados manteniendo nuestra vasta maquinaria de comunicación que no nos tomamos el tiempo para entender el origen, la importancia y la aplicación de la verdadera autoridad espiritual.

Es muy interesante lo que se dijo acerca de Jesús: "Y cuando terminó Jesús estas palabras, la gente se admiraba de su doctrina; porque les enseñaba como quien tiene autoridad, y no como los escribas" (Mt. 7:28). Jesús posiblemente lucía como cualquier otro maestro de su época, y se refería a las mismas escrituras del Antiguo Testamento. Pero había en Él algo diferente que iba directo al corazón de los oidores: Él tenía autoridad espiritual, a diferencia de los demás. A menos que la Iglesia se comunique en el poder de la misma autoridad de Él, no será mas que un gigantesco procesador de palabras humano. Así la habilidad para hablar, el talento musical, la educación teológica, el atractivo, el carisma y otros atributos humanos se convierten en substitutos de la autoridad espiritual. Nuevamente, no estamos diciendo que Dios no utilice estos dones. Pero debe entenderse claramente que estas cosas por sí mismas no tienen nada que ver con la autoridad espiritual. Hay autoridad espiritual cuando Cristo en su plan eterno usa al hombre para alcanzar a otros con su ministerio. Él podría muy bien usar personas con grandes talentos y dones. Pero también podría utilizar a quien no tuviera ninguno. Hay autoridad espiritual sólo cuando Él obra, no cuando nosotros obramos; sólo cuando Cristo habla su Palabra, no cuando nosotros hablamos nuestras palabras, aun si las llenemos de referencias "espirituales" y teorías religiosas. Debemos entender claramente que la habilidad de producir palabras, cosa que abunda en la Iglesia de hoy, no representa necesariamente autoridad espiritual.

Debemos estar atentos a cuán peligroso es el síndrome de "fijar la atención en el hombre" en el área de liderazgo espiritual. En su forma más desarrollada, nos hará juzgar erróneamente la autoridad espiritual. Nuestra visión interna no puede ser clara si está nublada por tener un enfoque equivocado en el éxito, a través de estadísticas impresionantes, habilidades especiales, expresiones emocionales, palabras convincentes o personajes humanos. Los líderes de la Iglesia no deben ser evaluados de la misma manera que los líderes del mundo. La autoridad espiritual empieza y termina en Cristo. Los seres humanos somos sólo canales para facilitar su autoridad. Una atención indebida en el hombre daña esta autoridad. Debemos prevenir este daño al comprender y escapar del síndrome de "fijar la atención en el hombre".

Los dones y talentos

Para entender mejor la autoridad y el liderazgo espirituales, debemos también "afinar" nuestro entendimiento acerca de los dones y talentos naturales en comparación con los dones espirituales. A menudo hay gran confusión en esta área. Casi toda persona tiene un talento natural para algo. Algunos tienen talentos que sobresalen sobre los de los demás, particularmente en áreas como drama, música, arte, etc. En realidad Dios no tiene nada que ver con estos dones sino el hecho de que cada ser humano es el resultado de su creación, y por lo tanto, la esencia de cada persona proviene de Él. Muchas de las personas más talentosas en toda la historia no eran cristianas, y el hecho de que no se hayan rendido al Señor no revocó sus dones y talentos naturales. No hay nada malo con los dones naturales. Dios quiere que disfrutemos del fruto de tales talentos. Sin embargo, a veces hay mucha confusión en la Iglesia acerca de la prioridad y del uso de tales talentos. Recordemos que la misión principal de la Iglesia es de llevar realidades del reino espiritual, no del natural: "para que la multiforme sabiduría de Dios sea ahora dada a conocer por medio de la iglesia a los principados y potestades en los lugares celestiales, conforme al propósito eterno que hizo en Cristo Jesús nuestro Señor" (Ef. 3:11). La obra que debe hacerse en el reino espiritual debe hacerse a través del entendimiento espiritual, las armas espirituales y los dones, talentos y oficios espirituales. Los dones naturales no tienen valor para Dios a menos que se conviertan en un vehículo para los dones espirituales y sean colocados en el orden prioritario correcto. Aquí es donde la Iglesia a menudo se confunde, poniendo tal énfasis en los talentos naturales que a veces es difícil encontrar los dones espirituales y el ministerio de Jesús.

Los dones espirituales son diversos y son dados a cada miembro del Cuerpo de Cristo. "Ahora bien, hay diversidad de dones, pero el Espíritu es el mismo. Y hay diversidad de ministerios, pero el Señor es el mismo. Y hay diversidad de operaciones, pero Dios, que hace todas las cosas en todos, es el mismo" (1 Co. 12:4-6). Los dones espirituales funcionan en una dimensión y de una manera diferente a los talentos naturales. El apóstol Pablo nos trae un análisis interesante un poco más arriba en este mismo capítulo: "No quiero, hermanos, que ignoréis acerca de los dones espirituales. Sabéis que cuando erais gentiles, se os extraviaba llevándoos, como se os llevaba, a los ídolos mudos. Por tanto, os hago saber que nadie que hable por el Espíritu de Dios llama anatema a Jesús; y nadie puede llamar a Jesús Señor, sino por el Espíritu Santo" (1 Co. 12:1). Lo importante no son las palabras o las expresiones, sino la realidad que está detrás de ellas. Cualquiera puede decir "Jesús es el Señor." Son sólo cuatro palabras y cualquiera con el don de la palabra puede decirlas. Pero nadie puede decir "Jesús es el Señor" y expresar la realidad espiritual de estas palabras sin el Espíritu y los dones de Dios. No hay poder mágico en las palabras por sí mismas. Si así fuera, Pablo hubiera estado en grandes problemas, ya que acababa de decir "llama anatema a Jesús." La realidad espiritual tras las palabras y los hechos es lo que cuenta. Es importantísimo entender que la realidad espiritual sólo puede expresarse por medio de los dones espirituales, no por medio de los talentos naturales en sí. En la Iglesia se debe dar prioridad a los dones espirituales, no a los talentos naturales, aunque estos sirvan a veces como canales para expresar los verdaderos dones espirituales.

El fijar la atención en los talentos naturales nos lleva a centrarnos en el hombre y caemos nuevamente en el síndrome de "fijar la atención en el hombre". El fijar la atención en los dones espirituales nos lleva a Dios y nos ayudará a no fijar la atención en los hombres. Pero aun cuando entendemos la prioridad de los dones espirituales, no caigamos en la trampa de creer que Dios depende de los talentos naturales para que los dones espirituales se manifiesten correctamente. Dios puede trabajar perfectamente a través de alguien sin talento. De hecho, a veces se las arregla para hacer a un lado el talento natural, de manera que lo hecho por el Espíritu no sea manchado por la carne. Recordemos a Moisés como príncipe de Egipto: "Y fue enseñado

Moisés en toda la sabiduría de los egipcios; y era poderoso en sus palabras y obras" (Hch. 7:22). Aquí vemos grandes talentos y habilidades naturales. Pero escuchemos lo que pasó cuando Dios lo entrenó como pastor en el desierto por varios años y vino a la zarza ardiente para llamarlo como libertador de los Israelitas: "¡Ay Señor! nunca he sido hombre de fácil palabra, ni antes, ni desde que tú hablas a tu siervo; porque soy tardo en el habla y torpe de lengua" (Ex. 4:10). Y tan marcada era su falta de confianza en su propia habilidad, que Dios le dio a Aarón como portavoz. El énfasis en la habilidad natural había sido quitado, y ahora Dios podía verdaderamente utilizarlo. Es interesante ver, especialmente en nuestra época en que siempre estamos buscando un buen orador, que Moisés empezó siendo un buen orador, pero tuvo que convertirse en uno menos bueno para que Dios lo pudiera utilizar. ¿Será que la habilidad de hablar de los hombres y las mujeres a veces impide la obra de Dios? Sí, porque tenemos la tendencia a enfocarnos en esa misma habilidad en vez del mensaje, aun cuando el mensaje es la verdadera palabra de Dios. Nos vamos pensando acerca de cuán buen orador acabamos de oír, en vez de pensar acerca de la maravillosa palabra de Dios que oímos, sin poner atención especial en el canal por el que nos habló.

Los oradores de plataforma deben estar especialmente alertas en esta área. Cualquier cosa hecha en el nombre del Señor con el intento de mostrar los talentos naturales e impresionar a los oyentes no agrada a Dios. Jesús habló con severidad acerca de aquellos que quieren pavonearse: "Y oyéndole todo el pueblo, dijo a sus discípulos: Guardaos de los escribas, que gustan de andar con ropas largas, y aman las salutaciones en las plazas, y las primeras sillas en las sinagogas, y los primeros asientos en las cenas; que devoran las casas de las viudas, y por pretexto hacen largas oraciones; éstos recibirán mayor condenación" (Lc. 20:45-47). El Señor se molesta mucho por lo que se hace en su nombre con el fin de hacer gala. Y la Iglesia continúa cayendo en esta trampa. A veces se han predicado sermones asombrosos para hacer gala. Se han cantado canciones muy bellas con el fin de hacer gala. Testimonios impactantes de milagros y señales se han presentado para hacer gala. Se han realizado reuniones espectaculares y programas magníficos para hacer gala. Sólo podemos comentar las palabras del propio Jesús: tendremos "mayor condenación" si este es nuestro comportamiento. La mentalidad del "espectáculo" en la Iglesia está ligada íntimamente con la carne, y asistida por el síndrome de "fijar la atención en el hombre". Y la carne crece junto con los talentos y las habilidades naturales.

Sí, esta es un área donde los mensajeros de plataforma deben tener especial cuidado, pero también deben cuidarse los oyentes. Como dijimos antes, Dios no se complace con la mentalidad de "hacer gala" en el liderazgo de la Iglesia. Tampoco se complace con el deseo del rebaño de ver talentos espectaculares y presentaciones sensacionales. Este deseo puede llegar hasta el punto de idolatría si "adoramos" los talentos naturales de sus mensajeros. Esto es abominación a Él. ¿¡Dónde ha quedado el cristianismo sencillo y verdadero y el mensaje simple del Salvador crucificado y resucitado, sin influencias de Hollywood, Avenida Madison o Avenida 666 con Calle de la Carne 1!? Ahí es donde acabaremos a menos que demos vuelta y nos fijemos únicamente en Jesucristo y renunciemos a la actitud del mundo.

Otro punto importante debe comprenderse bien. Cuando evaluamos a los siervos de Dios en términos de calidad de servicio, etc. esto no debe hacerse desde la perspectiva del talento natural, y tampoco únicamente desde la perspectiva de los dones espirituales, sino más bien desde la perspectiva del fruto espiritual. Cuando Jesús previno acerca de los falsos profetas dijo: "Por sus frutos los conoceréis" (Mt. 7:16). A veces nos confundimos entre los frutos y los dones espirituales. Es común confundirse y pensar que el fruto se define por el trabajo duro, la habilidad de dar resultados tangibles, tales como el número de almas ganadas, etc. No es así. Más bien, el fruto espiritual es el fruto del Espíritu en nuestro ser interior. Es la actitud y la mente de Jesucristo, dominando más y más sobre nuestra carne. Es amor, mansedumbre, paciencia, humildad, y los demás frutos del Espíritu creciendo dentro de nosotros. Esto es lo que debe analizarse cuando vemos la calidad de un siervo, no su habilidad de hablar elocuentemente, o recabar fondos, ni el hecho de que esté equipado con tremendos dones espirituales. Jesús nos dijo que evaluáramos el fruto; esta es la única forma en que tendremos una verdadera medida. Muchos falsos profetas y personas carnales han producido grandes resultados y mostrado gran efectividad en su labor. Pero sólo aquellos que caminan cerca del Señor en su verdad pueden producir fruto espiritual genuino: amor, paz, paciencia, templanza, etc. Por esto es tan importante evaluar cualquier obra, no por el movimiento inicial visible, los números, las estadísticas y la eficacia aparente, sino por el fruto espiritual interno de los que están involucrados. Aun si el siervo posee grandes dones espirituales, el fruto espiritual de este debe ser lo que se mide en el momento de evaluar su eficacia en el servicio.

La Iglesia se ha perdido mucha de la obra de Dios debido a esta confusión entre talentos naturales y dones espirituales. Aunque entendamos la importancia prioritaria de los dones espirituales, también nos hemos equivocado al pensar equivocadamente que estos se utilizan con más eficacia si van acompañados de una buena dosis de talento natural. Verdaderamente nos agrada cuando Dios envía a alguien que tiene gran entendimiento espiritual y además grandes dones naturales, ya sea la habilidad de hablar, el talento musical, etc. Pero no estamos tan interesados cuando nos envía alguien que tiene dones espirituales, pero escaso talento natural. ¡Esto puede ser dañino a los registros de asistencia y a la reputación de las iglesias, conferencias y seminarios locales! Esto es un ejemplo de nuestra tendencia hoy día de dar prioridad a los llamados "eventos cristianos", de los cuales hablaremos más tarde.

Es fácil enfocarse en las habilidades naturales y la apariencia exterior del hombre. Aun algunos de los "mejores" siervos de Dios caen en esta trampa de vez en cuando. Un ejemplo lo tenemos cuando Dios desecha al rey Saúl y dice a Samuel que vaya a Belén para ungir a uno de los hijos de Isaí como el nuevo rey. "Y santificando él a Isaí y a sus hijos, los llamó al sacrificio. Y aconteció que cuando ellos vinieron, él vio a Eliab, y dijo: De cierto delante de Jehová está su ungido. Y Jehová respondió a Samuel: No mires a su parecer, ni a lo grande de su estatura, porque yo lo desecho; porque Jehová no mira lo que mira el hombre; pues el hombre mira lo que está delante de sus ojos, pero Jehová mira el corazón" (1 S. 16:5-7).

Esta es una situación típica en que el punto de vista de Dios y el del hombre no corresponden. A Samuel obviamente le impresionó mucho la estatura de Eliab e inmediatamente concluyó que Dios lo utilizaría. Pero Dios le dice que no considere su parecer ni su estatura. Estas son exactamente las cosas en las que tendemos a enfocarnos, sea bajo la forma de apariencia, habilidades naturales, estatus social o cosas semejantes. Este mandato se aplicaría con mayor intensidad en el Nuevo Testamento ya que Dios ha revelado a Aquel cuyo parecer, altura, belleza, poder y autoridad sobrepasan grandemente la de cualquier otro. Debemos aprender a buscar dentro de las demás personas la estatura y la belleza de Cristo, no su propia apariencia externa o talentos naturales. Sólo entonces podremos discernir quiénes Dios ha escogido para usar para su obra.

La confirmación

Una clave para discernir cuál es una correcta visión del liderazgo en la Iglesia es la confirmación. En el Antiguo Testamento había reyes, profetas, etc. que mediaban entre Dios y el pueblo. Se comunicaban con Dios y transmitían su voluntad a los demás. En el Nuevo Testamento, cada cristiano tiene línea directa al corazón de Dios por medio de Jesucristo. Por eso el rol del líder espiritual en la Iglesia es principalmente el de confirmar lo que Dios ya ha hablado a su pueblo. Un verdadero líder espiritual siempre estará en armonía con los que han decidido seguir a Cristo. Las enseñanzas y acciones de este tipo de líder serán confirmadas por el Espíritu Santo en el corazón del rebaño como el liderazgo y la obra de Jesucristo. Por medio de esta confirmación, el Cuerpo de Jesucristo será más maduro y crecerá en una mayor unidad para el servicio.

Por otra parte, algunos tratan de ejercer el liderazgo por sí mismos y hacer que otros los sigan; dicen tener "autoridad", pero en realidad no la han recibido de Cristo. La enseñanza de tales personas puede ser poderosa en palabras y entendimiento teológico, puede hacer surgir fuertes emociones entre los oidores, pero no hay una confirmación espiritual profunda en el Cuerpo. Este es una señal clara de que aquí no hay autoridad espiritual verdadera. La Iglesia ha terminado muy confundida cuando la gente se siente impulsada a seguir ciegamente a los líderes que muestran esta supuesta "autoridad". Y la mayor parte del tiempo se hace mucho hincapié en el líder mismo, aunque el verdadero liderazgo espiritual trataría activamente de quedar atrás para que Cristo pudiera ser claramente visto.

De manera que para discernir correctamente el liderazgo espiritual, debemos confrontar el síndrome de "fijar la atención en el hombre". Es muy fácil ser engañado en el proceso de confirmación espiritual si aparece alguien con credenciales de gran importancia. No confundamos la autoridad espiritual instituida por Cristo con aquello que es muy visible, ya sea el talento para hablar u otras cosas que puedan atraer a la multitud. Esto no quiere decir que tales dones y talentos no puedan ser utilizados por el Señor en el liderazgo espiritual. Pero debemos siempre recordar que el verdadero liderazgo espiritual empieza en Jesucristo y no en el hombre. Aquí es donde el proceso de confirmación en nuestro corazón es tan importante.

Enfocar equivocadamente al hombre también es signo de inmadurez en la Iglesia. Cuando nos fijamos en los mensajeros de Dios, todavía necesitamos madurar en Cristo. Los mensajeros son tan interesantes para nosotros simplemente porque no hemos visto a Jesús en toda su gloria. Aún no nos hemos acercado tanto a Él que todos los demás se esfuman de nuestra vista. Los cristianos maduros han aprendido a ver a Jesucristo primero y a los mensajeros de Dios sólo como conductos para las palabras y las acciones de Jesús. Tales cristianos pasan fácilmente por el proceso de confirmación. Esto se llama discernimiento espiritual, el hecho de poder analizar y entender lo que Dios está o no está haciendo. El síndrome de "fijar la atención en el hombre" impide el discernimiento espiritual y mantendrá a los cristianos en un estado de inmadurez, si se le permite prevalecer.

La confirmación y el ejercicio de autoridad en el reino de Dios son bastante diferentes que en el mundo. Jesús enfatizó un punto importante durante la Última Cena: "Pero él les dijo: Los reyes de las naciones se enseñorean de ellas, y los que sobre ellas tienen autoridad son llamados bienhechores; mas no así vosotros, sino sea el mayor entre vosotros como el más joven, y el que dirige, como el que sirve" (Lc. 22:25-26). El punto clave aquí es ilustrado por la palabra "bienhechor". Un bienhechor es uno que da regalos a otros, los cuales se convierten en beneficiarios. En otras palabras, es una persona que hace el bien a los demás. Sin embargo, hace esto desde una posición de poder y control. Él controla dinero y otros bienes, los cuales puede dar a otros como le plazca. Y Jesús dice claramente: "mas no así vosotros". Esta es la manera en que la autoridad se define en el mundo, pero no así en el reino de Dios. Ningún hombre tiene el derecho de ejercer autoridad espiritual desde una posición de poder y control. Más bien, las Escrituras dicen: "sino sea el mayor entre vosotros como el más joven, y el que dirige, como el que sirve." Sólo hay un Bienhechor en el reino de Dios: Jesucristo. La autoridad y los dones espirituales no son investidos en el hombre; son comunicados de parte de Dios por medio del hombre. Es importante que entendamos este concepto si queremos eliminar el síndrome de "fijar la atención en el hombre" y su influencia negativa en la Iglesia.

El liderazgo en el Antiguo Testamento

Hay una lección interesante en el liderazgo del Antiguo Testamento que puede explicar por qué tendemos a enfocarnos en el hombre en la obra de Dios. Los ancianos de Israel vinieron a Samuel un día con el siguiente mensaje: "y le dijeron: He aquí tú has envejecido, y tus hijos no andan en tus caminos; por tanto, constitúyenos ahora un rey que nos juzgue, como tienen todas las naciones. Pero no agradó a Samuel esta palabra que dijeron: Danos un rey que nos juzgue. Y Samuel oró a Jehová. Y dijo Jehová a Samuel: Oye la voz del pueblo en todo lo que te digan; porque no te han desechado a ti, sino a mí me han desechado, para que no reine sobre ellos. Conforme a todas las obras que han hecho desde el día que los saqué de Egipto hasta hoy, dejándome a mí y sirviendo a dioses ajenos, así hacen también contigo. Ahora, pues, oye su voz; mas protesta solemnemente contra ellos, y muéstrales cómo les tratará el rey que reinará sobre ellos" (1 S 8:5-9).

Parece que no era el deseo perfecto de Dios que Israel tuviera rey. Aun después de la designación del rey, Samuel reprendió fuertemente al pueblo por haber hecho esta petición: "¿No es ahora la siega del trigo? Yo clamaré a Jehová, y él dará truenos y lluvias, para que conozcáis y veáis que es grande vuestra maldad que habéis hecho ante los ojos de Jehová, pidiendo para vosotros rey" (1 S. 12:17). Dios era el único Rey de Israel y su única fuente, lo cual también establecería el hecho de que Israel había sido llamado por el Todopoderoso y por lo tanto, era diferente a todas las naciones. Sin embargo, el pueblo tuvo una idea diferente. Quisieron ser como el resto del mundo al tener su propio rey. Esto es básicamente lo que pasa cuando hay la tentación de enfocarse en el hombre en la Iglesia. Samuel llevó esta petición a Dios, quien estableció claramente que los israelitas estaban rechazándolo a Él como su Rey.

Es interesante notar que Dios mandó a Samuel a que escuchara la petición pero que les previniera de las consecuencias. Sus hijos e hijas servirían al rey trabajando en sus establos, en su palacio y en sus fábricas de armamentos. El rey les cobraría impuestos de diferentes maneras, tomaría a algunos de ellos como esclavos, y se apoderaría de lo mejor del ganado. Dios deseaba que el pueblo estuviera plenamente consciente de lo que pedía, sabiendo que algún día se cansaría de lo que había pedido: "Y clamaréis aquel día a causa de vuestro rey que os habréis elegido, mas Jehová no os responderá en aquel día" (1 S. 8:18). A pesar de que los israelitas entendieron claramente que a Dios no le complacía su petición y que Él les advirtió de lo que pasaría, se mantuvieron firmes en su deseo: "Pero el pueblo no quiso oír la voz de Samuel, y dijo: No, sino que habrá rey sobre nosotros; y nosotros seremos también como todas las naciones, y nuestro rey nos gobernará, y saldrá delante de nosotros, y hará nuestras guerras" (1 S. 8:19-20).

Pareciera que tenían varias razones específicas para desear un rey. Primeramente, querían ser "como todas las naciones". Uno de los problemas grandes que Dios ha tenido tanto en el Antiguo como en el Nuevo Testamento, es el mantener a su pueblo separado y diferente del resto del mundo. El pueblo de Dios siempre ha sido tentado a querer ser como el mundo. Esto es muy obvio con respecto al síndrome de "fijar la atención en el hombre". Simplemente preferimos guiarnos según el mundo secular en cuanto a la política, la industria del entretenimiento, etc. y formamos una estructura semejante a la del mundo, en lugar de apartarnos y ser diferentes conforme al deseo de Dios.

Dios no abandonó a los Israelitas por haber hecho esta petición. En su lugar, los bendijo grandemente. Y tampoco abandona a la Iglesia por haber fijado equivocadamente su atención en el hombre. Pero debe entenderse claramente que este no es su plan perfecto. La bendición de Dios no es el sello de aprobación de Dios en lo que respecta los caminos y las actitudes del hombre. Su bendición no es sino la evidencia de su gracia inmerecida y del hecho de que Él hace su obra a pesar de nosotros. Nunca caigamos en la herejía de pensar que si Dios está bendiciendo la obra suya hecha a través de una persona u organización es porque esta está más "en lo correcto" que otros, o que simplemente "está en lo correcto". Los israelitas caminaron cuarenta años en el desierto y experimentaron milagros diariamente en forma de maná del cielo, sanidad de las enfermedades, etc. como evidencia de la presencia de Dios. Pero en un sentido, ¡ellos estaban mal todo el tiempo! Por incredulidad, rechazaron la oportunidad de entrar a la Tierra Prometida de acuerdo con el plan perfecto de Dios. Dios siguió haciendo su obra por medio de ellos de todas maneras, aun cuando llegó a un punto en que quiso abandonarlos y Moisés tuvo que interceder a su favor. La gracia de Dios se muestra en el caminar de los israelitas, no porque hayan merecido el maná del cielo por sus propios méritos, sino todo lo contrario.

De la misma manera, cuando Israel pidió rey, mostraron gran insatisfacción hacia el Señor y un deseo de ser como el resto del mundo. Pero aun así Dios siguió trabajando con ellos por su gran misericordia. Cuando Dios obra, siempre es porque ha escogido hacerlo basado en su deseo y su plan, nunca porque el hombre ha ganado cierta posición o ha sido lo suficientemente bueno en sí mismo al hacer "grandes" cosas. Dios siempre trabaja a pesar de nosotros, aunque le da gran gozo cuando encuentra alguien "conforme a su corazón" que concuerda completamente con su plan; una persona así le es sumamente útil. La Iglesia es tentada constantemente a hacerse como el mundo. Es tan fácil buscar reyes "como todas las naciones". Cuando lo hacemos, corremos el riesgo de rechazar a Dios como nuestro Rey, tal como hicieron los israelitas.

Otra razón por la que los israelitas deseaban un rey era bastante obvia: "y nuestro rey nos gobernará" ("nos juzgará" en otras versiones). Antes de esta petición, hubo años de guerra contra los filisteos, quienes más tarde regresaron el Arca del Dios y finalmente fueron vencidos bajo el liderazgo de Samuel. Esos fueron años de gran trabajo para el pueblo de Israel. "Desde el día que llegó el arca a Quiriat-jearim pasaron muchos días, veinte años; y toda la casa de Israel lamentaba en pos de Jehová" (1 S 7:2). Fue quizás con esto en mente, y viendo que Samuel estaba viejo y pronto los dejaría, que ellos hicieron su petición de un rey. Estaban cansados de trabajar e ir en pos de Jehová por sí mismos. Decían: "¡Que otro lo haga por nosotros!" Esto es típico del pueblo de Dios aun ahora. Tendemos a decir: "Constituyamos a un "rey" que haga la búsqueda profunda y dura. ¡Así no tendremos tanta responsabilidad y podremos culpar al "rey" si las cosas van mal!" Esta es una actitud peligrosa, pero común. Dios no sólo desea que quitemos nuestra atención del hombre y evitemos la idolatría, sino que también desea que todos sus hijos lo busquen profundamente y lo escuchen por sí mismos. Dios desea que cada uno de los ciudadanos de su Reino tome la misma responsabilidad y busque su dirección.

Israel también pidió un rey por la razón siguiente: "y saldrá delante de nosotros, y hará nuestras guerras." Estaban cansados de la responsabilidad y de la pelea. Ellos querían que alguien trazara sus planes y los guiara. Querían alguien que se hiciera cargo de sus guerras y los hiciera un pueblo victorioso. ¿Le suena familiar? ¡Envíe su dinero a Fulano y permítale ir y ganar al mundo! Tengamos nuestros "reyes" que peleen las batallas que la Iglesia debe enfrentar en el mundo. Esta es otra razón por la que debemos rechazar el síndrome de "fijar la atención en el hombre". El ejército de Dios, la Iglesia, debe comprometerse por completo en cada nivel de manera que pueda mostrar la victoria de Jesucristo. No puede hacerse por medio de unos cuantos "reyes" aquí o allá. La tarea del liderazgo espiritual dentro de la Iglesia no es quitarle la responsabilidad de actuar al resto del Cuerpo, sino de comprometerlo aun más.

También hay otro aspecto interesante acerca de los reyes del Antiguo Testamento que vemos reflejado en nuestra época. Dios estableció claramente que si deseaban un rey, debían aceptar que él se llevara lo mejor de su ganado, que tomara a sus hijos e hijas como sirvientes y en general, hiciera riquezas y tomara poder para sí mismo. Estas "ventajas" acompañaban la posición del rey. Tenemos una situación similar en la Iglesia ahora. Hay varios "reyes" que se han acostumbrado a ciertas "ventajas" –fama, influencia, control, dinero, reconocimiento personal, etc.–debido a que han alcanzado cierta posición de importancia en la comunidad cristiana. Aún hay muchos tronos en los cuales estas personas se pueden sentar. No son tronos literales en forma de sillones dorados en los grandes palacios, sino que se presentan en forma de la fama y el reconocimiento que viene al ser un predicador de televisión famoso, un cantante con muchos *hits* musicales, un autor con muchos *bestsellers* u otro "personaje" en un área donde el síndrome de "fijar la atención en el hombre" puede estar operando. Esto no quiere decir que todos los que tienen una iglesia grande u otra posición visible en el cristianismo se ven a sí mismos como "reyes". Pero la diferencia entre ver su posición destacada como una oportunidad de servir y glorificar al Señor solamente, y el verla como una manera de "reinar", es muy tenue. Es probable que cualquiera que tenga una posición visible en la Iglesia será tentado por Satanás a verse a sí mismo como un "rey". Y es obvio que no siempre hemos sido capaces de resistir esa tentación.

Debemos comprender que las posiciones de liderazgo en el Nuevo Testamento no son para ser "disfrutadas" en el sentido de disfrutar de la popularidad, las riquezas materiales u otros beneficios semejantes. De hecho, cualquier persona que sirve en una posición de liderazgo tendrá una vida de conflicto, no necesariamente en lo material, sino en el sentido de que siempre estará batallando con el enemigo. De acuerdo, siempre será victorioso en Cristo, pero no sin batallar. Jesús nunca prometió darnos la victoria sin tener que librar batallas. Al contrario, nos aseguró que tendríamos batallas y conflictos en este mundo.

El apóstol Pedro es un buen ejemplo de esto. Había fallado terriblemente. Después de la resurrección, Jesús reintegra a Pedro a su posición de apóstol, al preguntarle tres veces si lo ama a Él. Pedro tuvo que afirmar su amor por Jesús tres veces, así como lo había negado tres veces. Inmediatamente, Jesús le da un vistazo de lo que le espera: "Le dijo la tercera vez: Simón, hijo de Jonás, ¿me amas? Pedro se entristeció de que le dijese la tercera vez: ¿Me amas? y le respondió: Señor, tú lo sabes todo; tú sabes que te amo. Jesús le dijo: Apacienta mis ovejas. De cierto, de cierto te digo: Cuando eras más joven, te ceñías, e ibas a donde querías; mas cuando ya seas viejo, extenderás tus manos, y te ceñirá otro, y te llevará a donde no quieras. Esto dijo, dando a entender con qué muerte había de glorificar a Dios. Y dicho esto, añadió: Sígueme" (Jn. 21:17-19). Pedro había escuchado las palabras "Sígueme" del mismo hombre años atrás, cuando Jesús lo llamó junto con su hermano Andrés junto al mar de Galilea. Había tenido sus altibajos y ahora el Cristo resucitado lo llamaba nuevamente, esta vez de una manara mucho más profunda. Pedro estaba ahora sumamente consciente da su propia debilidad y consideró a fondo lo que costaría seguir al Señor. Jesús le dijo claramente que había de ser mártir. Esto influyó profundamente en la manera en que Pedro trabajaba para el Señor.

La segunda vez que fue llamado a seguirle, Pedro no pudo poner sus ojos en el éxito, en la publicidad, en una carrera, etc. Sabía que debía ver más allá. Cuando predicó el poderoso sermón en el día de Pentecostés, el cual inspiró uno de los más grandes avivamientos en toda la historia, seguramente no estaba pensando cómo se vería su nombre en los encabezados y cómo se haría famoso como resultado de su gran éxito. En cambio, pudo haber sospechado que el momento de su muerte se acercaba. Aunque Jesús le había señalado que sucedería en su vejez, el predicar a Jesús con tanto denuedo bien podía provocar los eventos que guiarían a su martirio. El miró a su alrededor, no para ver cuántos reporteros y publicistas había, sino para ver si ya venían sus perseguidores con cadenas para prenderlo y llevarlo a donde no quería ir. Esto hizo que Pedro fuera un siervo de Dios fuerte y eficaz. Vivía sólo para el Señor, y no para nadie más. No le importaba su propia reputación.

Esta debería ser siempre nuestra actitud, ya sea que tengamos que dar nuestra vida como mártires o no. Dios no nos ha puesto en la tierra para llegar a marcar la historia de este mundo, aunque desafortunadamente muchos cristianos han caído en esta mentalidad y por lo tanto, desperdician su tiempo. Estamos aquí para llegar a marcar la historia de la eternidad, lo cual es algo completamente diferente. La única forma de hacer esto es seguir a Jesús muy de cerca, sirviendo y glorificando a Aquel que en sí es la Historia Eterna.

Para volver a los israelitas en el Antiguo Testamento, Dios sabía de antemano que una vez que estos tuvieran un rey, se cansarían muy pronto de ser gobernados y de pagar impuestos al rey. Había una solución bastante sencilla a esta problema: ¡no tener reyes para nada! La Iglesia necesita poner atención a dicho aviso. Alejémonos de las divisiones que se forman dentro del reino de Dios, ya sea alrededor de un individuo, una denominación, un ministerio en particular o lo que sea. Estamos en un Reino con un Rey, Jesucristo. Cualquier otro punto da vista sólo complica las cosas y le pone una carga indebida al pueblo de Dios.

El espíritu religioso

Hay un aspecto adicional que debemos analizar con respecto a la diferencia entre el liderazgo en el Antiguo y el Nuevo Testamento. Esta área en particular puede obstruir severamente la eficacia de la Iglesia y debe ser comprendida claramente. Como se dijo antes, Dios utilizó a sacerdotes, profetas, jueces y reyes como intermediarios en el Antiguo Testamento. Estos intermediarios recibían revelación especial de Dios y a su vez comunicaban la Palabra de Dios al pueblo. No había línea directa entre Dios y el individuo. La comunicación se llevaba a cabo mediante personas especialmente señaladas para ello.

Por otra parte, en el Nuevo Testamento Cristo es el intermediario por excelencia y Él abrió un nuevo y vivo canal al corazón de Dios para todos los que deseen confiar en Él. Cada cristiano ahora tiene contacto directo con Dios, y no necesita ningún otro mediador. En cambio, ahora se nos exhorta a poner toda nuestra confianza en la obra completada de Jesucristo. Nos referimos otra vez a Hebreos 10: "Así que, hermanos, teniendo libertad para entrar en el Lugar Santísimo por la sangre de Jesucristo... acerquémonos con corazón sincero" (He. 10:19,22).

Sin embargo, parece que a pesar de nuestra fe en la obra de Cristo, algunas veces todavía tratamos de apegarnos al Antiguo Testamento con respecto al liderazgo. Aún buscamos a hombres y mujeres que parecen estar más cerca de Dios, oír su voz un poco más claramente, entender su Palabra un poco mejor y cuyas oraciones parecen llegar a Dios más rápidamente que las de nosotros. En la actualidad seguimos buscando sacerdotes y profetas según el Antiguo Testamento, sin comprender que en el Nuevo Testamento su ministerio ya no es igual. Todavía tenemos sacerdotes y profetas, pero ahora son vasos para el uso de Jesús, y no intermediarios entre Dios y los hombres. Parece que nuestros líderes no siempre hacen todo lo posible por evitar que la gente los vea de esta manera. Incluso pareciera que disfrutan de las "ventajas" de tener tal posición. Hay algunos a quienes les encanta ser vistos como profetas al estilo del Antiguo Testamento. Tal vez no lo hagan por razones egoístas, sino que para asegurar la supervivencia de su ministerio. Seamos sinceros: las ofrendas crecen grandemente cuando el líder parece estar más cerca del Señor que los demás, y supuestamente puede asegurar bendiciones "especiales" para el pueblo.

LA FUERZA DETRÁS DE TODO ESTO ES UN ESPÍRITU RELIGIOSO QUE INTENTA ATAR A LA IGLESIA AL SOMETERLA A LA LEY DEL ANTIGUO TESTAMENTO. De hecho, es una falta de fe muy seria en la obra completada de Jesucristo. Actuamos como si lo que Él hizo no hubiera sido suficiente. Mientras necesitemos a hombres y mujeres "especiales" que sean mediadores adicionales entre Dios y la Iglesia, en realidad rechazamos el ministerio de Jesús como sumo sacerdote y caemos en la mentalidad del Antiguo Testamento. La Iglesia entonces será incapaz de experimentar la verdadera libertad en Jesucristo. Podemos evitar esto al tener la visión correcta del liderazgo espiritual en el Nuevo Testamento. Como ya dijimos, la palabra clave es "confirmación". Los oficios de pastor, maestro, profeta, etc. son instituidos para confirmar lo que Dios ya ha dicho a cada individuo, pero que tal vez este no ha querido oír de Él. Ya no se supone que los líderes sigan con el rol del liderazgo especificado en el Antiguo Testamento. Los oficios de liderazgo en la Iglesia son para servir y participar en la edificación de su Cuerpo, el cual recibe instrucciones directamente de la Cabeza. Cualquier otro punto de vista restringirá el crecimiento del Cuerpo y en esencia negará la obra terminada de Jesús en la cruz.

Este espíritu de religiosidad, si se le permite continuar, restringirá también la verdadera hermandad en el Cuerpo de Cristo. Si nos agrupamos alrededor de hombres y mujeres en vez de agruparnos alrededor de Cristo solamente, el Espíritu Santo no podrá llevar a la Iglesia a la verdadera unidad. La situación será entonces bastante diferente a la del Antiguo Testamento, donde la gente debía seguir a los líderes para alcanzar la unidad. Después de que Dios proporcionó un rey (aunque de manera renuente), encontramos algunos ejemplos de cómo esa posición era la adecuada. Eso sucedió cuando los amonitas amenazaron con traer gran desgracia a Israel y llegó esto a oídos del rey Saúl: "Al oír Saúl estas palabras, el Espíritu de Dios vino sobre él con poder; y él se encendió en ira en gran manera. Y tomando un par de bueyes, los cortó en trozos y los envió por todo el territorio de Israel por medio de mensajeros, diciendo: Así se hará con los bueyes del que no saliere en pos de Saúl y en pos de Samuel. Y cayó temor de Jehová sobre el pueblo, y salieron como un solo hombre" (1 S. 11:6-7).

¡En verdad una buena estrategia para lograr la unidad! Saúl necesitaba hombres para enfrentar este reto, y todos respondieron como un solo hombre porque el Espíritu del Señor permitió (e inspiró) este tipo de acción bajo el Antiguo Testamento. Los líderes establecidos por Dios eran el centro de atención y los mediadores entre Él y el pueblo. A veces se les permitió afirmarse a sí mismos fuerte y dramáticamente, como en este caso. Se suponía que debían ser obedecidos y ser el centro de atención. Pero no es así en el Nuevo Testamento. El hombre no debe nunca ser el punto central, ya sea por amor, amenaza, culpabilidad, promesas de prosperidad o ninguna otra cosa que pudiera atraer a la gente. Ningún hombre debe exigir obediencia de otros en el Nuevo Testamento. Jesucristo es el único que puede exigir algo así, ya que Él es el Rey, la Cabeza, el Punto Central y el único que debiera decir: "¡Síganme!" La actitud de "fijar la atención en el hombre" en este aspecto sólo permitirá que un espíritu de religiosidad interfiera con la verdadera unidad y el verdadero compañerismo en el Cuerpo tal como los planificó el Señor.

Unidad en la Iglesia

Ha habido infinidad de enseñanzas acerca de la unidad en el Cuerpo. Desgraciadamente, muchas de las aplicaciones prácticas dicen lo siguiente: "si tan sólo todos me apoyaran, (es decir, apoyaran mi ministerio, mi iglesia, mi denominación o mi llamado de Dios) entonces todos estaríamos en unidad". Inclusive hay una versión más sofisticada, donde un líder insinúa sutilmente a todos aquellos que creen en "su" ministerio que no deberían apoyar además a otros ministerios, sino comprometerse (¡comprometer su dinero!) sólo con él para que haya unidad. ¡Quizás esta sea la razón principal por la cual la Iglesia todavía está dividida, a pesar de que se habla tanto de la unidad! A pesar de todos los versículos en Juan 17 todavía existe un fuerte espíritu de competencia, alimentado por el egocentrismo de muchos en el liderazgo, lo cual produce división, contienda e incontables veces la búsqueda de posición y poder en la jerarquía de la Iglesia. Todo esto está directamente relacionado con el síndrome de "fijar la atención en el hombre". Los que están en el liderazgo a menudo intentan afirmar su posición ganándose el voto de "su" gente, tal como lo hacen los políticos del mundo. Perdemos de vista que en el reino de Dios sólo se puede votar para una persona: Cristo. Curiosamente, hasta las enseñanzas basadas en las Escrituras acerca de la unidad eclesiástica son utilizadas para asegurar los votos de la comunidad para lograr alguna ventaja personal, porque "son bíblicos".

Lo mismo ocurre en el mundo secular con los políticos y la política. Lo importante es el voto, no el cumplir las promesas.

El apóstol Pablo nos dejó una enseñanza poderosa acerca de esto en Corintios. Había llegado a oídos de Pablo que había contiendas y divisiones entre ellos, que giraban alrededor de qué líder aspiraban a seguir. "Quiero decir, que cada uno de vosotros dice: Yo soy de Pablo; y yo de Apolos; y yo de Cefas; y yo de Cristo" (1 Co. 1:12). Este es un relato típico de uno de los problemas mayores que ha tenido la Iglesia a través de todos los tiempos: el dividirse a sí misma para seguir a ciertos líderes o doctrinas que crean grupos apartados de los demás. Todo esto es pura división, la cual debilita y paraliza el Cuerpo. Jesús dijo: "Si un reino está dividido contra sí mismo, tal reino no puede permanecer" (Mr. 3:24). La división es la razón principal por la que la Iglesia está postrada, no en actitud de oración e intercesión poderosa, sino caída y oprimida por sus enemigos.

En su enseñanza, el apóstol Pablo usa los nombres de tres hombres, incluyendo el suyo, como instrumentos potenciales de división. Esto nos debe llamar la atención: cualquier líder, aunque sea "bueno y correcto", puede contribuir a la división si la atención de la gente se enfoca en él. Tanto los pastores como las ovejas deben entender esto claramente. El cuarto ejemplo utilizado por Pablo son aquellos que decían seguir a Cristo, en otras palabras, los que no querían nada que ver con el liderazgo ni de Pablo ni de los demás. Esto de "seguir sólo a Cristo" puede sonar muy espiritual, pero en el contexto del ejemplo es un franco rechazo a la forma en que Cristo ha elegido ejercer su autoridad en el Cuerpo. Estas son las personas que rechazan completamente la autoridad espiritual dada a los líderes del Cuerpo, cayendo en división tanto como los demás.

Pablo pregunta: "¿Está Cristo dividido?" Si actuamos como los corintios, debemos creer que Cristo si está dividido. De otra manera, si entendemos que Cristo no está dividido y que el Cuerpo en verdad es uno, debemos dejar de fijar nuestra atención en algún hombre o grupo y apartarnos de los partidos que se forman dentro de la Iglesia debido a estas actitudes. Posteriormente, Pablo cita a Apolos y a sí mismo como ejemplos para que los corintios aprendan a no actuar como si Cristo estuviera dividido. "Pero esto, hermanos, lo he presentado como ejemplo en mí y en Apolos por amor de vosotros, para que en nosotros aprendáis a no pensar más de lo que está escrito, no sea que por causa de uno, os envanezcáis unos contra otros" (1Co.4:6). Esto nos enseña a evitar la búsqueda de "personajes" en el Cuerpo, ya que el hacerlo sólo provoca emoción en el ambiente visible, pero crea división en el espiritual. Esta es un área donde Satanás ha podido infiltrarse en la Iglesia. Y si ha podido dividir al Cuerpo, ha mutilado el poder de oración e intercesión de la Iglesia. Esto ha sucedido cada vez que se presenta el síndrome de "fijar la atención en el hombre", que es un ataque directo a la unidad de los cristianos.

Hay un deseo ardiente en el corazón de Cristo por ver una verdadera unidad en su pueblo, como lo expresó en su oración en Juan 17. La unidad espiritual en el Cuerpo de Cristo no requiere de una "super-revelación", pero sí requiere que quitemos nuestra atención del hombre y la pongamos en Cristo. Entonces la unidad en la Iglesia surgirá en forma natural y el Cuerpo será sanado.

Capítulo 5 En su nombre

Mateo 18:20

Jesús dejó una gran promesa, la cual ha sido valorada por su Iglesia a través de la historia: "Porque donde están dos o tres congregados en mi nombre, allí estoy yo en medio de..." (Mt. 18:20). Este versículo tan conocido ha sido utilizado para todo, desde entender de verdad su presencia, hasta para sentirse mejor cuando una reunión tiene poca asistencia. Sin embargo, su valor radica en la seguridad de que aunque no podamos verlo ni oírlo conforme a nuestros sentidos carnales, su presencia es real y participa con nosotros poderosamente. Esta ha sido siempre una gran motivación para la Iglesia.

Tratemos de entender más claramente las condiciones que tienen que darse para que esta promesa sea válida. Jesús dijo que debíamos estar reunidos en su nombre. Cualquier otra circunstancia no es importante. El lugar físico no tiene importancia; puede ser una iglesia, una casa, el campo, la playa, un restaurante, una oficina, una fábrica o inclusive la luna. Recordemos que Dios no vive en templos hechos por la mano del hombre. Él vive en su Espíritu en el templo de nuestro cuerpo. Sucede a veces que la Iglesia es engañada y piensa que el reunirse en cierto lugar, donde Dios se movió poderosamente en el pasado, asegura su presencia. Pensamos que debemos ir a estos lugares para estar cerca de Dios. No hay nada malo en sí con los lugares de reunión, pero no nos confundamos y hagamos de estos lugares un requisito para que se manifieste la presencia de Dios.

El estilo y la forma de nuestras reuniones tampoco son importantes. No pensemos que nuestras tradiciones tienen algo de sagrado, ya sea que se basen en elementos estrictamente evangélicos, en el comportamiento "libre" o en cualquier otro estilo o forma más contemporáneo. Francamente, puede haber tanta tradición dentro de los movimientos "libres" que en cualquier otro grupo, ya que los grupos más informales están atados de cierta manera por el hecho de tener que demostrar por sus acciones que verdaderamente son "libres." El cristianismo nunca es simplemente una forma, un estilo o una tradición; es vida, y la vida es libre y puede ser expresada de diferentes maneras. Si limitamos la presencia de Dios a cierto estilo o tradición, obstruimos la dinámica del reino de Dios. Pero si sostenemos que Dios no puede estar presente con otros grupos cristianos debido a que no hacen las cosas como nosotros, estaremos tristemente equivocados. Dios no busca los sistemas, las formas o las tradiciones externas. Él está en busca de corazones conformes al suyo.

La única condición que sí debe ser cumplida para que Cristo esté presente entre nosotros es que estemos reunidos exclusivamente en su nombre. ¿Pero qué significa estar reunidos en su nombre? ¿Es puramente una frase que usamos para señalar las actividades cristianas? No, tiene que ver con la motivación básica por la que nos reunimos. El estar reunidos en su nombre significa que Él es quien nos ha llamado a esa unidad. Nos congregamos por Él y no por ninguna otra razón. Y esto no ocurre sólo porque citemos esta frase de la Biblia, sino porque nuestro corazón ha aceptado la realidad de su presencia y de su verdad. Es entonces que la presencia de Jesús es efectiva en nuestra vida.

¿Será que muchas veces, a pesar de citar esta escritura con fervor, estamos totalmente fuera de la realidad de la misma? ¿Será que debido a la forma en que solemos usar el nombre de Dios para apoyar la obra del hombre, nos colocamos en una posición contradictoria a lo que nos promete esta escritura? ¿Podemos inclusive llegar a la conclusión de que Jesús pudiera no estar activamente presente en algunas reuniones, aunque estas supuestamente se hacen en nombre de Él? Recordemos que Jesús dijo que si nos reuniéramos, lo debíamos hacer en su nombre, de manera que esto también significa que no debemos reunirnos en ningún otro nombre. En realidad, si nos reunimos en otros nombres le hemos robado a Jesús la preeminencia y el señorío.

Estas preguntas también son importantes respecto al derecho de la Iglesia de reclamar la presencia de Dios. En nuestra ansiedad por tener reuniones exitosas en cuanto a asistencia, es fácil caer en el síndrome de "fijar la atención en el hombre". Podemos crear "grandes" cosas y tener éxito aparente y momentáneo sin darnos cuenta de que al mismo tiempo que obtenemos nuestro éxito obstaculizamos la presencia de Jesucristo en nuestra reunión, suprimiendo así cualquier fruto espiritual duradero. Irónicamente, al hacer esto hemos cancelado la promesa que en sí era el propósito de nuestra reunión. Y el Espíritu Santo indudablemente se contrista cuando nosotros, bajó el pretexto de hacer cosas en el nombre de Jesús, ponemos tanto énfasis en la actuación y los hechos de los hombres. Sería mucho mejor que no utilizáramos el nombre del Señor, sino que llamáramos a las cosas por su nombre correcto: entretenimiento; actuación, espectáculo, o cualquier otra cosa que explique las habilidades de una persona en particular. De lo que sí podemos estar seguros es que Dios no está interesado en dejar que su Nombre sea mal utilizado por nosotros. Usted se preguntará por qué el Señor no está presente donde su palabra es leída, predicada y cantada. ¿Acaso Pablo no indicó que está bien predicar "de cualquier forma", inclusive "por propia ganancia"? "¿Qué, pues? Que no obstante, de todas maneras, o por pretexto o por verdad, Cristo es anunciado; y en esto me gozo, y me gozaré aún" (Fil. 1:18). Ciertamente el Señor alcanza a las personas con el evangelio de la salvación de diferentes maneras, hasta por medio de situaciones que están completamente fuera del contexto bíblico. Pero esto no le da licencia a la Iglesia para seguir exaltando indebidamente al hombre. Parece que en este caso Pablo no está apoyando el hecho de tener la motivación equivocada al predicar la Palabra de Dios, sino que no quiere caer en la misma trampa de competencia que los hombres de los cuales habla. Para que la llenura de la presencia del Señor sea una realidad entre su pueblo debemos poner su nombre en primer lugar, ya que esta promesa se basa en su nombre, no en cualquier otra persona o razón. Reconozcamos entonces que la razón de nuestras reuniones es vital.

Es imprescindible que la Iglesia enseñe tanto en palabras como en hechos la prioridad y el orden de las cosas. Los cristianos no aprenderán que Cristo es el centro si enseñamos que toda la gloria y el honor deben ser de Él, pero al mismo tiempo, en nuestra realidad práctica, enfocamos y damos atención al hombre dentro de la Iglesia. No debemos crear una imagen distorsionada de Cristo al sobreestimar la posición del hombre en la Iglesia. No hagamos que la gente se reúna bajo otro nombre que no sea el de Él. Tomemos la decisión de apartarnos de las motivaciones de este mundo para obtener éxito, porque si no, corremos el riesgo de perder aquello que más deseamos: la presencia de nuestro Señor.

Existe también otro aspecto trascendente, como lo expresa Hebreos: "el cual, siendo el resplandor de su gloria, y la imagen misma de su sustancia, y quien sustenta todas las cosas con la palabra de su poder, habiendo efectuado la purificación de nuestros pecados por medio de sí mismo, se sentó a la diestra de la Majestad en las alturas, hecho tanto superior a los ángeles, cuanto heredó más excelente nombre que ellos" (He. 1:3-4). La obra que Jesús realizó durante su estancia en la tierra de dar gloria al nombre de Dios es el reflejo de la imagen de Dios y su gloria. El Padre dio a su único Hijo, y el Hijo obedientemente terminó su misión en la tierra. Este hecho innegable es el objeto de la alabanza eterna en el cielo. "Después de esto miré, y he aquí una gran multitud, la cual nadie podía contar, de todas naciones y tribus y pueblos y lenguas, que estaban delante del trono y en la presencia del Cordero, vestidos de ropas blancas, y con palmas en las manos; y clamaban a gran voz, diciendo: La salvación pertenece a nuestro Dios que está sentado en el trono, y al Cordero" (Ap. 7:9-10). Cristo, el Cordero, siempre es el centro de la adoración y la alabanza en el cielo. Por lo tanto, es un asunto bastante serio envolver el nombre del hombre en la obra de Dios en la tierra, obra que está basada totalmente en la gloria y el poder de Jesucristo. El dar cualquier importancia al nombre y la posición de algún hombre, sea el nuestro o de otro, es como dar una bofetada al Todopoderoso. El hombre sólo puede participar en la obra de Dios como vaso para su gracia y misericordia. Toda la atención y la gloria deben dirigirse a Aquel que ya ha ganado toda la atención ante los ojos del Padre: Jesucristo, el Hijo del Hombre. "Y a todo lo creado que está en el cielo, y sobre la tierra, y debajo de la tierra, y en el mar, y a todas las cosas que en ellos hay, oí decir: Al que está sentado en el trono, y al Cordero, sea la alabanza, la honra, la gloria y el poder, por los siglos de los siglos" (Ap. 5:13).

Cristianismo de eventos y adicción al emocionalismo

Es interesante reconocer el tamaño de la congregación que Jesús estableció cuando dio la promesa de su presencia: dos o tres. Sabemos que Jesús vive en cada cristiano individualmente y que está con nosotros siempre. Además, cuando nos asegura su presencia especial en reuniones de varios creyentes, utiliza el mínimo de personas: dos o tres. Vemos que tampoco dijo que mientras más grande fuera la congregación, más fuertes serían su presencia y su poder. Dos o tres congregados en su nombre es suficiente para que Él esté presente en su totalidad.

Esto elucida una actitud que a veces influye en la Iglesia de manera negativa: la búsqueda de un "cristianismo de eventos". Muchos cristianos viven bajo la ilusión de que mientras más grande sea el evento o el auditorio o la congregación, mayor será la presencia de Dios y más poderosa será la obra que Él llevará a cabo. Debemos estar claros que ni las congregaciones numerosas ni las grandes reuniones tienen nada de malo. Dios ciertamente puede hablar también a través de ellas. Pero el peligro es este: para que los grandes eventos tengan éxito, encontramos que debemos usar el nombre de personajes conocidos y promocionar el evento al estilo de la industria del entretenimiento secular. Entonces corremos el riesgo de caer directamente en el síndrome de "fijar la atención en el hombre". Esto no se aplica sólo a los "super-eventos" a los cuales la Iglesia se ha venido acostumbrando cada vez más. Hay también muchas iglesias locales que tratan de atraer a la gente haciendo que cada domingo sea un gran evento, de manera que la gente se sienta bien cuando asiste a la iglesia.

Parece que la manera de medir el éxito de los eventos —ya sean pequeños, medianos, grandes o inmensos— siempre son las cifras. ¿Qué tan grande era el auditorio? ¿Cuántos asistieron? ¿Cuántos pasaron al frente? ¿Cuánto dinero se recolectó? etc. Pregunte a cualquier cristiano acerca del éxito de cierta reunión y este le contestará con números. Y esta manera de medir es tan importante ahora en la Iglesia que nos cuesta cada vez más discernir entre la verdadera presencia de Jesús y la grandeza aparente del evento. Y no sólo eso, sino que a veces, como drogadictos, vivimos tan "atrapados" en el "cristianismo de eventos" que asiduamente andamos a la caza de mayores y mejores congregaciones para poder experimentar "mayor" bendición. No comprendemos que al hacer esto podemos estar llenándonos emocionalmente, pero no necesariamente edificándonos espiritualmente en la verdadera presencia de Cristo. Por esto es tan importante entender lo que Jesús dijo cuando dio su promesa. Dos o tres, la congregación más tranquila, es suficiente para que esté presente la llenura de su presencia. Y Jesús no dijo que uno debía ser orador, el otro cantante y el tercero oidor; basta la presencia de dos o tres cristianos comunes y corrientes para que se revele la grandeza de su presencia.

Hay también otro aspecto en esto que requiere atención; podemos llamarlo "adicción a las emociones". La atracción del evento enseguida produce una elevación emocional en el alma, no forzosamente en el espíritu. El entrar a un auditorio colmado nos hace sentir bien a todos. Pero tal vez no tenga nada que ver con una obra espiritual. Las agrupaciones numerosas pueden ser resultado sólo de nombres "cotizados" y buena publicidad. Pero nos hacen sentir bien de todas maneras. Y cuando escuchamos a cantantes famosos presentar magníficamente las Escrituras y los pensamientos cristianos en notas altas, acompañados por una batería estruendosa y sintetizadores supercargados, sentimos mucha emoción. Y esto no está mal, mientras no lo confundamos con lo que verdaderamente está pasando a nivel espiritual. El orador reconocido transmite su mensaje con elocuencia, con inteligencia, con humor, etc. y todos somos tocados. Eso no tiene nada de malo. Gracias a Dios por aquellos que son elocuentes. Pero no debemos dejarnos atraer demasiado por las envolturas brillantes alrededor del mensaje de Dios, como niños que se quedan mirando las envolturas de los regalos de Navidad. Muchos cristianos se han vuelto tan adictos a fijar la atención en el hombre, tan envueltos en el cristianismo de eventos y de emocionalismo, que casi olvidan que en realidad la fuerza de la Iglesia radica en el hecho de que dos o tres (o más) se reúnan en su nombre.

El gran evento ya ocurrió hace dos mil años en la cruz del Calvario. El mundo ya no necesita ningún otro evento. Repetimos, las reuniones masivas de cristianos dirigidas por comunicadores exitosos no tienen nada de malo en absoluto. Pero debemos siempre estar seguros que el evento gira alrededor de Jesús, su nombre y su obra terminada, no alrededor de las habilidades y talentos de los mensajeros que Dios pueda utilizar en ese momento. Ninguna cantidad de citas bíblicas, enseñanza poderosa o hermosa música de adoración puede traer la presencia del Señor a menos que la condición principal se haya dado: que verdaderamente estemos reunidos en su nombre.

Veamos esto desde una perspectiva diferente utilizando la electrónica. Cualquier tipo de sonido electrónico, tal como la radio, un sistema de estéreo o una grabadora, se logra por un complejo arreglo de circuitos y componentes electrónicos, con el fin de que el sonido llegue a nuestros oídos. El último componente de todo este arreglo debe ser el altavoz, de manera que la señal electrónica pueda transformarse en sonido perceptible al tímpano humano. Toda la obra de los circuitos electrónicos será inútil a menos que funcione esa bocina final, que nos facilita oír el sonido. En una radio portátil típica, el altavoz es un componente muy sencillo y barato. Tal vez cueste uno o dos dólares. Cuando usted enciende su radio de mesa, repentinamente entra en contacto con todo tipo de actividad. La música que escucha ha sido producida por hábiles músicos y cantantes con equipos de sonido sofisticados. La voz radial habla por micrófonos de alta calidad y la señal electrónica pasa por transmisores muy caros para llegar a su casa. Pero la bocina en su radio, aun si es un pequeño parlante de un dólar, es esencial para que usted alcance a escuchar. La bocina nunca puede jactarse de haber hecho la música o creado el discurso radial, no obstante es imprescindible conectarlo con aquellos que de hecho han producido el mensaje transmitido por la señal electrónica.

Hoy en día existe un énfasis especial en la calidad del sonido reproducido electrónicamente para nuestro placer. Algunos tienen equipos estereofónicos que cuestan miles de dólares, donde sólo los altoparlantes pueden costar varios cientos de dólares. La música oída a través de un sistema de alta fidelidad obviamente sonará mucho mejor que la misma música oída a través de la radio de mesa. Sin embargo, supongamos que se transmita por las ondas radiales un mensaje de alarma que señale que se acerca una tormenta. La persona que escucha la radio de mesa con bocina barata oirá el mensaje tan claramente como la persona que utiliza un equipo costosísimo de alta fidelidad. En ese momento, nadie se preocupará de la calidad del sonido, sino más bien se enfocará en la realidad del mensaje. La persona que oye el mensaje a través del equipo de alta fidelidad no estará más alerta respecto a la emergencia que aquella que lo oyó en su pequeña radio de mesa. De hecho, es muy posible que la persona del equipo de alta fidelidad deje su sillón reclinable, apague su sistema de alta fidelidad y busque una simple radio portátil, a modo de estar informada y prepararse para lo que vaya a ser necesario, basada en el mensaje recibido. Ya no se dejaría llevar por la calidad y el placer de escuchar el sonido del equipo sofisticado, sino más bien por la realidad del mensaje transmitido.

Sucede algo parecido en el ambiente espiritual. Dios tiene un sistema complejo de componentes y circuitos, y continuamente está transmitiendo señales espirituales a la humanidad. Ha producido programas que siempre están siendo transmitidos y usted los podrá sintonizar ahora mismo si los desea oír. En su plan divino, Dios he puesto al hombre como "bocina" al final de los circuitos para llevar la señal al mundo. El hombre no puede producir nada por sí mismo, sólo comunicar aquello que ha sido producido y transmitido por medio de los circuitos espirituales de Dios. La mayoría de nosotros somos como los parlantes baratos de un dólar, mientras que otros parecieran ser el sistema de sonido de alta fidelidad. Pero en cualquier caso, es casi infantil enfocarse en el orador, ya que por sí mismo no es nada, sino que Alguien mayor le transmite la señal.

A veces nuestras reuniones cristianas perecen exhibiciones donde nos reunimos para disfrutar de las "bocinas" y evaluar su habilidad para crear escalofríos gracias a sus cualidades de "alta fidelidad". No es un secreto que la comunidad cristiana gasta cientos de millones de dólares anualmente para asistir a eventos especiales, para oír mensajes y recibir un ministerio que el Señor puede proveer fácilmente en reuniones donde dos o tres, o unos cuantos estén reunidos en su nombre. Y a veces podemos perdernos el mensaje del Productor mismo de estos eventos, debido a que nos concentramos demasiado en los "altavoces". Cuando verdaderamente despertamos a la realidad del mensaje y entendemos quién lo habla, la "bocina" al final del circuito tendrá cada vez menos importancia.

El territorio del Reino

Como cualquier otro reino, el reino de Dios tiene ciertas fronteras que lo contienen. Ocupa un territorio específico en el ambiente espiritual donde las leyes del Reino y sus principios están en efecto. Esta es en esencia el área donde Dios está trabajando. El reino de Dios está en el centro mismo del plan redentor de Dios. El evangelio del Reino era el tema principal del ministerio de Jesús en la tierra. Por lo tanto, es importante que cada cristiano entienda que si no estamos ubicados en el territorio del Reino, no podremos aplicar sus principios o contar con que las promesas de Dios serán cumplidas. Aun si aparentemente nos aventuramos al territorio enemigo en la batalla espiritual, debemos (y tenemos el derecho) de llevar con nosotros un pedazo del reino de Dios. Podemos encontrarnos en el territorio del Reino mientras enfrentamos al enemigo, casi como una embajada se encuentra en suelo extranjero. Un ejemplo de esto es cuando Jesús, después de muerto en la cruz, fue a las regiones de las tinieblas llevando consigo el reino de Dios y le quitó las llaves de la muerte a Satanás. Justo antes de la muerte de Jesús, el ladrón arrepentido que fue crucificado con Él le dijo: "Acuérdate de mí cuando vengas en tu reino." Jesús le contestó: "De cierto te digo que hoy estarás conmigo en el paraíso" (Lc. 23:42-43). Jesús llegó a la muerte con una nueva autoridad basada en un nuevo Reino con nuevas leyes. El mismo Satanás se vio obligado a entregar las llaves, y la autoridad del Reino fue desplegada en su totalidad en medio de las tinieblas. Y ese mismo día, el nombre del primer ciudadano del Reino fue confirmado en el Libro de la Vida del Cordero. Cada cristiano tiene ahora el derecho de caminar en las mismas pisadas de Jesús, con la autoridad del Reino según dijo Jesús: "Yo, pues, os asigno un reino, como mi Padre me lo asignó a mi" (Lc. 22:29).

Sin embargo, esto funcionará sólo si estamos dentro del territorio del Reino; de otra manera, nos engañamos a nosotros mismos y a los demás. Las promesas y principios de Dios no son fórmulas mágicas que pueden ser habladas en toda ocasión como un antídoto rápido contra el pecado y el mal. Son para ser aplicados en el territorio para el cual fueron establecidos. Por ejemplo, para reclamar sus derechos como ciudadano de su país, sólo puede hacerlo en el territorio de su país. No puede reclamar sus derechos como ciudadano estando en un país extranjero, y el tratar de hacerlo hasta podría empeorar su situación. Funciona de la misma manera en el ambiente espiritual; no piense ni por un minuto que puede pasearse por el territorio de las tinieblas y cuando las cosas se pongan duras empezar a reclamar los derechos del Reino. Las leyes del Reino se aplican en el territorio del Reino.

Siendo este el caso, es de extrema importancia entender los límites del Reino y la "geografía" de sus territorios. La definición del territorio del Reino y de sus fronteras puede verse desde diferentes puntos de vista; sin embargo, un versículo corto de Colosenses nos da una buena pista: "Y todo lo que hacéis, sea de palabra o de hecho, hacedlo todo en el nombre del Señor Jesús, dando gracias a Dios Padre por medio de él" (Col 3:17). En un sentido, esta es toda la definición que necesitamos de las fronteras del reino de Dios. El reino de Dios es hacer todo de palabra y de hecho en el nombre de Jesús, lo cual asegura que la voluntad de Dios se llevará a cabo, y que Dios recibirá nuestras gracias y alabanza. Cuando hacemos esto, estamos en el territorio del Reino; cuando no lo hacemos, no lo estamos. Esta es una lección de "geografía" sencilla pero acertada.

Sin embargo, recordemos lo dicho anteriormente. El hacer todo en el nombre de Jesús no significa usar simplemente la frase "en el nombre de Jesús" como si fuera una fórmula mágica para empezar nuestras reuniones o finalizar nuestras oraciones y discursos para que el poder místico de Dios se manifieste. Significa más bien ensalzar a Jesús a su verdadera posición: Él es el Rey, la Cabeza, el Gobernador, el Centro, el Único que merece toda la atención. Y cundo así hacemos, la atención se desvía del hombre. La luz y la gloria del Rey es tan grande que aun el pensar en poner nuestra atención en cualquier hombre debe estar fuera de toda consideración. Aun si el escenario está repleto de los llamados "personajes" del mundo cristiano, cuando Jesús entra en escena (lo cual hará si verdaderamente estamos reunidos en su nombre), todos los seres humanos terminan en un mismo nivel comparados con Él. Si un millonario entra en una habitación, no importa si los presentes tienen diez o cien dólares en su cuenta bancaria; comparados con el millonario, todos están en el mismo nivel. Cuando se le da a Jesús este tipo de atención y posición en la Iglesia, el poder y la autoridad del Reino se manifestará. Esta es la razón por la que nunca debemos fijarnos indebidamente en el hombre, sino verlo sólo como siervo e instrumento en las manos de Aquel que merece toda la gloria y toda la atención.

Esto también tiene que ver con nuestra protección como cristianos individuales y como Iglesia colectivamente. Las Escrituras establecen: "Torre fuerte es el nombre del Señor; A él correrá el justo, y será levantado" (Pr. 18:10). La torre era el símbolo de defensa y protección en la antigüedad. Era el lugar en el cual se podía detectar desde lejos el ataque enemigo, así como el lugar de refugio y defensa eficaz contra tales ataques. El nombre del Señor todavía es nuestra "torre fuerte" de defensa contra el enemigo, pero sólo estaremos protegidos de los ataques de Satanás cuando genuinamente procedemos en el nombre del Señor, cuando corremos a la "torre fuerte" del nombre de Jesús y "somos levantados". Esta última expresión puede ser comparada a una parte muy conocida y apreciada de las Escrituras: "y juntamente con él nos resucitó (nos levantó), y asimismo nos hizo sentar en los lugares celestiales con Cristo Jesús" (Ef. 2:6). Sin embargo, si bajo la influencia del síndrome de "fijar la atención en el hombre" debilitamos nuestra habilidad de fijar la atención únicamente en el nombre de Dios, somos echados de nuestra "torre fuerte". Cuando ocurre esto, seremos incapaces de penetrar las tinieblas y rescatar a otros para el reino de Dios, y además seremos vulnerables al ataque del enemigo.

Dios habló a través de Isaías acerca de la opresión de su pueblo: "Porque así dijo Jehová el Señor: Mi pueblo descendió a Egipto en tiempo pasado, para morar allá, y el asirio lo cautivó sin razón. Y ahora ¿qué hago aquí, dice Jehová, ya que mi pueblo es llevado injustamente? Y los que en él se enseñorean, lo hacen aullar, dice Jehová, y continuamente es blasfemado mi nombre todo el día. Por tanto, mi pueblo sabrá mi nombre por esta causa en aquel día; porque yo mismo que hablo, he aquí estaré presente" (Is. 52:4-6). ¿Cuál es la solución de Dios cuando viene la opresión y el ataque contra su pueblo? El que su pueblo conozca su nombre. El conocer el nombre –las profundidades y el carácter– de Aquel cuya gloria y poder sobrepasan los de cualquiera, hace que el enemigo huya de nosotros. Por otra parte, el no conocer su nombre, o no darle la debida prioridad, nos asegura problemas y opresión. Invita a entrar al enemigo, y en vano enfocaremos los nombres humanos, ya sea el propio o el de otros hombres, buscando fortaleza y victoria.

A la Iglesia le ha llegado el tiempo en que debe buscar intensamente el nombre de Dios y recibir revelación de quién es Él en realidad. El Todopoderoso habla a su pueblo ahora como en el pasado: "Por tanto, mi pueblo sabrá mi nombre..." (Isaías 52:6). Tendremos victoria y seremos liberados de la opresión cuando declaramos el nombre del Señor debidamente y le damos la debida prioridad. La gloria del Señor siempre aparece cuando se ensalza y se proclama su nombre, y esto implica que cualquier otro nombre, el de quien sea, debe desvanecerse.

Otra forma de comprender y definir las fronteras del territorio del Reino es lo que podríamos llamar el método de "terremoto", es decir, observar la intensidad y la magnitud del sacudimiento de la Iglesia. De tiempo en tiempo, Dios permite que ocurran eventos que sacuden fuertemente la comunidad cristiana a nivel local, nacional o internacional. Estos nunca son tiempos placenteros, pero sin embargo suceden. A menudo culpamos al diablo por estos ataques injustos, y ciertamente él es quien los produce, pero debemos entender que tiene el derecho de hacerlo, ya que lo ocurrido tiene lugar en su territorio. Para entenderlo mejor, consideremos una escritura conocida que dice: "Así que, recibiendo nosotros un reino inconmovible, tengamos gratitud, y mediante ella sirvamos a Dios agradándole con temor y reverencia; porque muestro Dios es fuego consumidor" (He. 12:28-29). El reino de Dios no puede ser sacudido (conmovido) por nadie ni nada: ni el hombre, ni los ángeles, ni las fuerzas de las tinieblas, ni las circunstancias, aunque parezcan abrumadoras para el hombre. Su Reino permanece firme a través de todas las edades y todas las circunstancias. Sin embargo, todo lo que no está en el territorio del Reino puede ser, y será, sacudido. Esto es lo que sucede cuando surgen las grandes sacudidas en la Iglesia. El enemigo encuentra áreas que están conectadas con su territorio y las sacude vigorosamente. Con toda sinceridad, esto tiene que pasar como parte del plan de Dios para definir y refinar su Reino entre nosotros.

Cuando comprendemos nuestra posición en el Reino, no podemos ser sacudidos. Sin embargo, cuando comprometemos las fronteras del Reino y ponemos pie en suelo ajeno, entonces estamos abiertos a un tratamiento de "terremoto". Y es obvio que muchas cosas en la Iglesia que están edificadas sobre nombres de hombres conforme al síndrome de "fijar la atención en el hombre" serán sacudidas, ya que este síndrome está fuera de los limites del territorio del Reino. Es probable que este sacudimiento sea cada vez más fuerte, en tanto que el Espíritu del Señor dirige al pueblo de Dios a salir del territorio enemigo y ubicarse completamente dentro del Reino que es inconmovible.

Encontramos un relato interesante acerca del territorio del Reino cuando Jesús enseña sobre el mayor mandamiento. Un teólogo había escuchado la discusión entre Jesús y los saduceos acerca del matrimonio en la resurrección de los muertos. "Acercándose uno de los escribas, que los había oído disputar, y sabía que les había respondido bien, le preguntó: ¿Cuál es el primer mandamiento de todos? Jesús le respondió: El primer mandamiento de todos es: Oye, Israel; el Señor muestro Dios, el Señor uno es. Y amarás al Señor tu Dios con todo tu corazón, y con toda tu alma, y con toda tu mente y con todas tus fuerzas. Este es el principal mandamiento. Y el segundo es semejante: Amarás a tu prójimo como a ti mismo. No hay otro mandamiento mayor que éstos. Entonces el escriba le dijo: Bien, Maestro, verdad has dicho, que uno es Dios, y no hay otro fuera de él; y el amarle con todo el corazón, con todo el entendimiento, con toda el alma, y con todas las fuerzas, y amar al prójimo como a uno mismo, es más que todos los holocaustos y sacrificios. Jesús entonces, viendo que había respondido sabiamente, le dijo: No estás lejos del reino de Dios. Y ya ninguno osaba preguntarle" (Mr. 12:28-34).

Aquí Jesús nos hace entender claramente nuestra relación con Dios así como con nuestro prójimo. También nos da entendimiento acerca del territorio del reino de Dios, indicando la existencia de "distancia" espiritual por el hecho de que los humanos podemos estar cerca o lejos de sus fronteras. Primero Jesús emplea una expresión muy importante para los israelitas del Antiguo Testamento: "Oye, Israel; el Señor nuestro Dios, el Señor uno es." Esto expresa la importancia de que hay un solo Dios y que no debe haber ídolos a su lado. Además, debemos amar al Señor con todo nuestro corazón, alma, mente y fuerzas, en otras palabras, con todo nuestro ser. Entonces Jesús cita el mandamiento segundo en importancia: "Amarás a tu prójimo como a ti mismo."

Incluidos en esta enseñanza hay dos principios muy importantes que definen las fronteras del Reino. Primero, debemos amar al Señor más que cualquier cosa y ponerlo en el lugar más alto, fijar en Él nuestra atención, asegurarnos que nada más se acerque siquiera a competir con su posición. Debemos negarnos a nosotros mismos para seguirlo a Él y amarlo más que nuestra propia vida. Esta es la esencia del cristianismo. Debemos amarlo a Él porque Él nos amó primero, ser totalmente consumidos con Él, y morir a nosotros mismos para que Él pueda vivir en nosotros. Debemos poner nuestro corazón, alma, mente y fuerzas totalmente en Él. El segundo principio es: Ama a tu prójimo como a ti mismo. Démonos cuenta de la diferencia; debemos amar al Señor por encima de todo, aun nuestra propia vida; pero debemos amar a los demás seres humanos de la misma manera que nos amamos a nosotros mismos. En otras palabras, debemos elevar al Señor por encima de todo y todos, pero nuestra visión del hombre es que todos estamos en el mismo nivel.

Este es un importante principio espiritual que establece el territorio del Reino. Ama a tu prójimo como a ti mismo, no más, no menos. El maestro de la ley, al cual Jesús le hablaba, entendió todo esto teológica e intelectualmente, y Jesús le dijo: "No estás lejos del reino de Dios." Su problema era, por supuesto, (como siempre lo ha sido para los humanos), el no sólo entender la Palabra de Dios, sino vivirla. Especialmente ahora que el mandamiento de amar al Señor debía incluir la comprensión y aceptación de Jesús como el Cristo.

Una vez más, las fronteras del territorio del Reino son bien definidas. El Señor está por encima de todo lo demás. Todos los hombres están a un mismo nivel más abajo. Dios no tiene favoritos, ni hijos que sean más importantes que otros. No hay ningún rey que presida sobre los demás en el reino de Dios, aparte de que todos formamos un sacerdocio real. No hay personajes o "estrellas" en la Iglesia fuera del Más Importante, el Príncipe de Paz y la Estrella Resplandeciente de la Mañana. Toda otra comprensión y aplicación nos dejará fuera del territorio del Reino y nos dejará en gran peligro de ser lastimados o muertos por el fuego enemigo.

Cuando Jesús expresó su pesar por Jerusalén y el hecho de ser rechazado por ella, hace la siguiente declaración: "He aquí, vuestra casa os es dejada desierta; y os digo que no me veréis, hasta que llegue el tiempo en que digáis: Bendito el que viene en nombre del Señor" (Lc. 13:35). Esto es una profecía señalando el momento en que Israel descubrirá finalmente que Jesús es su Mesías. Pero recordemos también que Jesús dijo a sus discípulos: "No os dejaré huérfanos; vendré a vosotros. Todavía un poco, y el mundo no me verá más; pero vosotros me veréis; porque yo vivo, vosotros también viviréis. Os he dicho estas cosas estando con vosotros. Mas el Consolador, el Espíritu Santo, a quien el Padre enviará en mi nombre, él os enseñará todas las cosas, y os recordará todo lo que yo os he dicho" (Jn. 14:18-19, 25-26).

Jesús ya ha venido a sus discípulos y ellos lo han visto a través de la revelación del Espíritu Santo en su corazón. Bendito el que viene en el nombre del Señor (el Espíritu Santo). Jesús dijo que el Padre enviaría al Espíritu "en mi nombre". Nuevamente vemos los límites del Reino. El Espíritu Santo opera en el nombre de Jesús, no en su nombre ni en el de nadie más. Y cuando el Espíritu Santo llama, equipa y usa al hombre para algún servicio en el reino de Dios, lo hará exactamente de la misma forma: en el nombre de Jesús. No en el nombre de la persona, de una organización o cualquier otra entidad humana. Recordemos, hacer todo en el nombre del Señor, de palabra y de hecho, significa que Él toma absoluto control, atención y gloria. Bendito es él o ella, hombre o mujer en la tierra, que proceda de tal manera en servicio del Reino. Ciertamente no hay bendición fuera de esto. Debe ser hecho así. Cuando el nombre del hombre entra en escena indebidamente, puede parecer que tiene un efecto positivo al atraer a una multitud más grande, etc., pero cuando examinamos cuidadosamente la situación, las fuerzas que están actuando pueden ser la publicidad, las estrategias de mercadeo, las actitudes de entretenimiento y tal vez la idolatría pura. Dios no bendecirá esto.

Una vez que los fariseos le preguntaron a Jesús cómo se podía observar el reino de Dios, Jesús contestó que no podía ser visto como un reino natural con fronteras visibles ya que "el reino de Dios está entre vosotros" (Lc. 17:21). Siendo así, la única expresión visible del reino de Dios en el mundo son aquellos que se han inclinado ante el Señor y continuamente proceden en su nombre. Su hombre interno, siendo el suelo del Reino, y su actitud externa al hacerlo todo, sea de palabra o de hecho, en el nombre del Señor, es la expresión de su Reino en la tierra. Dios no tiene otra expresión de su Reino en la tierra; no tiene otra forma de mostrar su nombre y anunciar la obra consumada de la redención por medio de su Hijo. Tiene que ser hecho por medio del Reino interno y la proclamación externa del nombre del Señor por aquellos que se han sujetado a su voluntad. Una Iglesia que procede con movimientos religiosos, actividades "cristianas", principios buenos y morales, pero no lo hacen verdaderamente en el nombre del Señor, tiene poco que ver con el reino de Dios. Sólo estamos en el territorio del Reino cuando actuamos en su nombre, y sólo en su nombre.

La manifestación final de esto se describe en Filipenses 2: "para que en el nombre de Jesús se doble toda rodilla de los que están en los cielos, y en la tierra, y debajo de la tierra; y toda lengua confiese que Jesucristo es el Señor, para gloria de Dios Padre" (Fil. 2:10-11). Toda la humanidad finalmente reconocerá el reino de Dios al confesar el nombre y el señorío de Cristo para la gloria de Dios Padre, algunos con gran gozo, ya que este es terreno conocido y simplemente la oportunidad suprema para exaltar nuevamente el nombre del Señor, otros, sorprendidos y llevados a confesar el señorío de Jesús antes de ser separados de Dios por la eternidad. Es un pensamiento asombroso que todos los seres humanos llegaremos en su nombre, habiendo comprendido que todos los demás nombres no son nada. Entonces la belleza y la santidad del reino de Dios brillará como nunca antes.

El carácter de Dios

Cuando Dios se aparece a Moisés en la zarza ardiente y le dice que regrese a Egipto y libere a los israelitas de la esclavitud, un acto profético que es un símbolo de la obra de Jesucristo, Moisés pregunta: "He aquí que llego yo a los hijos de Israel, y les digo: El Dios de vuestros padres me ha enviado a vosotros. Si ellos me preguntaren: ¿Cuál es su nombre?, ¿qué les responderé? Y respondió Dios a Moisés: YO SOY EL QUE SOY. Y dijo: Así dirás a los hijos de Israel: YO SOY me envió a vosotros" (Ex 3:13-14). La respuesta que Dios da a Moisés no sólo le proporciona un nombre, sino una comprensión del carácter mismo de Dios. Muchos sermones se han predicado sobre el gran poder, provisión y fidelidad del poderoso YO SOY quien se reveló a Moisés aquel día. Esto es muy importante para Dios. Él desea que cuando clamemos a Él, no clamemos a un ser divino en alguna parte por ahí, sino que entendamos el carácter y el corazón de Aquel al que estamos invocando.

Este es seguramente el caso en el Nuevo Testamento también. Dios ha escogido revelar su nombre, su carácter, sus principios, su gracia y su poder a través de la obra de su Hijo: "Y les he dado a conocer tu nombre, y lo daré a conocer aún, para que el amor con que me has amado, esté en ellos, y yo en ellos" (Jn. 17:26). El Cuerpo de Cristo en la tierra es el "YO SOY" para el mundo bajo el Nuevo Pacto. Es el Reino que muestra el carácter de Dios a la humanidad. Repetimos, Jesús dijo: "el reino de Dios está entre vosotros", estableciendo así que este Reino se expresa mediante el carácter interno. Como cristianos no andamos con espadas, pistolas y documentos de autoridad humana para forzar a los demás a aceptar al Dios eterno. Pero se supone que debemos proceder en el poder y la autoridad del amor, del gozo, de la paz, de la paciencia, etc., lo cual muestra la mente de Cristo, que es precisamente el carácter del Reino. Es por eso que somos bautizados en el nombre de Jesús, confirmando nuestra muerte y resurrección con Él en este nuevo estado de mente y espíritu. "Porque en él habita corporalmente toda la plenitud de la Deidad, y vosotros estáis completos en él... sepultados con él en el bautismo, en el cual fuisteis también resucitados con él, mediante la fe en el poder de Dios que le levantó de los muertos" (Col 2:9-12). La plenitud y el carácter de Dios se hacen nuestros por causa de Jesús, y nosotros lo confirmamos por el bautismo en su nombre. "Pues todos sois hijos de Dios por la fe en Cristo Jesús; porque todos los que habéis sido bautizados en Cristo, de Cristo estáis revestidos" (Gá. 3:26-27). No debemos considerar ninguna acción del hombre como parte de esta obra. A Pablo le pareció necesario aclarar esto a los corintios debido a las riñas y divisiones que había entre ellos: "¿Acaso está dividido Cristo? ¿Fue crucificado Pablo por vosotros? ¿O fuisteis bautizados en el nombre de Pablo?" (1 Co. 1:13). El papel del hombre estriba sólo en llevar a otros a Cristo y bautizarlos en su nombre, no en el nombre de sus siervos o de organizaciones religiosas. Cuando salimos de las aguas del bautismo, hemos sido revestidos de Jesucristo, es decir de su plenitud, de su carácter y de su vida; no hemos jurado lealtad a cualquier hombre o a su obra.

Al considerar que el nombre del Señor no sólo se utiliza para identificar la entidad más poderosa del universo, sino también para mostrar su mismo carácter, debemos pensar también en lo siguiente: cuando introducimos indebidamente el nombre del hombre en la obra de Dios, empezamos a distorsionar la visión de su carácter. El síndrome de "fijar la atención en el hombre" tiene el efecto de introducir erróneamente aspectos de la naturaleza de Dios que en realidad no le pertenecen. La naturaleza de Dios sólo podrá verse cuando estamos plenamente revestidos de Cristo. Cuando rompemos esta cobertura al introducir en su obra nuestro nombre o el de otra persona (y por lo tanto introducir rastros del carácter humano), caerán sombras en el Nombre de Dios. Incluso los nombres más "poderosos" dentro del cristianismo no son lo suficientemente buenos. El hombre es hombre y Dios es Dios. Si nos enfocamos en el hombre, segaremos de la carne; si nos enfocamos en el Señor, segaremos del Espíritu.

Esto es especialmente importante con respecto a los nuevos creyentes. Pareciera a veces que presentamos a Dios a las personas con la ayuda de nombres, características y habilidades de ciertos hombres o mujeres. Esto es muy peligroso, ya que eventualmente estos pueden fallar. Sólo Cristo es perfecto y nunca fallará. Sólo su nombre debe ser nuestra guía. El dicho es muy cierto, de que la única Biblia que muchos pecadores verán en su vida será la vida de los cristianos. Pero asegurémonos de que sea la Biblia lo que ellos puedan leer en nuestra vida, y no el libro de nosotros mismos o de algún "personaje". No debemos fijar nuestra atención en el hombre, ya que este síndrome impide que Dios muestre su carácter. Además, engaña al mundo y confunde a la Iglesia para que no podamos ver quién es Dios verdaderamente.

La mente de Cristo

Como dijimos anteriormente, el carácter de Dios se muestra en la época del Nuevo Testamento a través de la mente de Cristo en la Iglesia y sus miembros individuales. Pablo establece: "Mas nosotros tenemos la mente de Cristo" (1 Co. 2:16). ¿Qué es la mente de Cristo y cómo se aplica al cristiano como individuo y a la Iglesia colectivamente? ¿Cómo podemos decir verdaderamente que nosotros tenemos la mente de Cristo? Esta verdad fundamental sólo puede ser recibida y entendida por fe a través de la revelación del Espíritu Santo. Es Él quien aplica la obra de Cristo en nuestra vida y nos lleva hacia adelante en el crecimiento espiritual y la santidad. Mientras más entendamos y recibamos la mente de Cristo a través de la obra poderoso del Espíritu, más creceremos en madurez espiritual. La madurez es cuestión de entendimiento. En la vida natural, una persona puede ser grande y fuerte en cuanto a huesos y músculos; sin embargo, si tiene un entendimiento infantil, se le considera inmaduro. Esto también es cierto en el ambiente espiritual. Alguien puede ser capaz de citar las Escrituras al derecho y al revés, ser muy activo en la obra de la iglesia y realizar todo tipo de labores religiosas; pero a menos que esto sea hecho con la mente de Jesucristo, todavía se le puede considerar un cristiano inmaduro. Actualmente este es uno de los problemas de Dios; tiene muchos niños y escasos adultos, desde la perspectiva de la madurez espiritual. Muchos toman las promesas y los principios de la Palabra de Dios y tratan de aplicarlos con una mente influenciada por las actitudes del mundo y que no ha sido renovada por la mente de Cristo. Entonces la Iglesia parece ser un patio de recreo donde las personas fingen ser algo, en vez de ser un lugar lleno de la verdad donde los cristianos maduros hacen lo que verdaderamente importa.

Encontramos en Filipenses una enseñanza que esclarece lo que es la mente de Cristo: "Haya, pues, en vosotros este sentir que hubo también en Cristo Jesús" (Fil. 2:5). "Tengan ustedes la misma manera de pensar que tuvo Cristo Jesús" (Versión "Dios habla hoy"). Los versículos que siguen son un resumen poderoso del entendimiento y de la actitud de Jesús. Esta actitud hizo que Él fuera un instrumento muy útil para el plan de salvación de Dios. Hizo que se convirtiera en Aquel ante el cual toda rodilla se doblará y que toda lengua confesará como Señor: "El cual, siendo en forma de Dios, no estimó el ser igual a Dios como cosa a que aferrarse, sino que se despojó a sí mismo, tomando forma de siervo, hecho semejante a los hombres; y estando en la condición de hombre, se humilló a sí mismo, haciéndose obediente hasta la muerte, y muerte de cruz. Por lo cual Dios también le exaltó hasta lo sumo, y le dio un nombre que es sobre todo nombre, para que en el nombre de Jesús se doble toda rodilla de los que están en los cielos, y en la tierra, y debajo de la tierra; y toda lengua confiese que Jesucristo es el Señor, para gloria de Dios Padre" (Fil. 2:6-11). Esta Escritura tan conocida contiene las características principales de la mente y la actitud de Cristo, quien es el modelo para nosotros. Veremos específicamente tres de estas características; dos son fácilmente entendidas, mientras que la tercera es menos conocida pero puede ser la clave misma del servicio de Jesús en la tierra.

En primer lugar, humildad. El versículo 8 en la "Biblia Amplificada" en inglés dice así: "se presentó como humano, se rebajó y se humilló a sí mismo..." (Fil. 2:7,8). Rebajarse significa bajar de rango o posición, perder prestigio o estima. Esta es una parte importante del enfoque que debemos tener también nosotros. Recuerde que la Iglesia no es un lugar donde se obtiene prestigio y estima. ¡Es un lugar donde se pierden estas cosas!

En segundo lugar, obediencia. Jesús se sometió por completo a la autoridad y al mandato de Dios, no a su propio deseo. Es interesante notar que durante su vida terrenal Jesús tuvo que aprender obediencia. Estando con su Padre en el cielo, simplemente no existía la desobediencia, por lo tanto no era preciso que nadie aprendiera obediencia. Pero como Hijo del Hombre, fue tentado a desobedecer tal como nosotros; por lo tanto, tuvo que aprender a obedecer a su Padre. "Y Cristo, en los días de su carne, ofreciendo ruegos y súplicas con gran clamor y lágrimas al que le podía librar de la muerte, fue oído a causa de su temor reverente. Y aunque era Hijo, por lo que padeció aprendió la obediencia; y habiendo sido perfeccionado, vino a ser autor de eterna salvación para todos los que le obedecen; y fue declarado por Dios sumo sacerdote según el orden de Melquisedec" (He. 5:7-10). La mayoría de los cristianos comprenden la importancia de la obediencia. Ninguna obra de Dios puede llevarse a cabo a menos que haya obediencia como la que vemos en la actitud de Cristo.

Se ha enseñado mucho acerca de la humildad y la obediencia, pero no se ha hablado mucho acerca de la tercera característica. Sin embargo, esta característica puede ser el centro mismo de la mente de Cristo, la base sobre la cual Dios puede usar a su Hijo en la tierra y quebrantar al enemigo a través de Él. Dice el versículo 7 "se despojó a si mismo" (Fil. 2:7, RV-60). Es bastante interesante ver cómo se traduce esta declaración en las diferentes versiones. La versión "Dios habla hoy" dice: "Sino que hizo a un lado lo que le era propio"; la Nueva Versión Internacional dice: "se rebajo voluntariamente..."; la Biblia al Día dice "despojándose de su gran poder y gloria". Estas declaraciones pueden resumirse en dos palabras: "hacerse nada". Este es el centro mismo de la mente de Cristo. Él estaba dispuesto a "hacerse nada" por su Padre; estaba dispuesto a dejar su reputación, vaciarse a sí mismo, hacer a un lado su poder y gloria, quitarse todo privilegio y dignidad, aun la que por derecho le pertenecía, para que el Padre pudiera hacerse todo en Él. Esta es una lección extremadamente importante para la Iglesia a la luz del síndrome de "fijar la atención en el hombre". ¿Quién desea hacerse nada para el

Señor? ¡Ciertamente hay muchos que desean convertirse en "algo" para Él! Preferentemente "algo grande", alguien conocido y cotizado. ¿Y quién desea recibir la palabra de Dios de alguien que es "nada"? Las multitudes ciertamente están más ansiosas de reunirse para ser ministradas por aquellos que tienen un nombre y que son "alguien" en la Iglesia.

En nuestra época, el "hacerse nada" de Cristo es algo que falta entre el pueblo de Dios. La Iglesia se jacta y se siente orgullosa de ser "algo" para Dios. Pero sin el "hacerse nada" de Cristo, en sí no hay humildad, verdadera obediencia, verdadera autoridad, verdadero poder ni verdadero ministerio. Es más, el hecho de que la Iglesia no se haga nada para Cristo, la reduce a nada en el sentido de que queda paralizada y débil en cuanto al poder y la autoridad espirituales. Sin la mano de Cristo, quien se hizo a sí mismo nada, verdaderamente hay muy poca oportunidad para que Dios obre.

El comprender esto es importante para la Iglesia colectiva y también para el cristiano individual. La Iglesia no es un lugar para hacer carrera y convertirse en "algo"; es un lugar para alcanzar a "hacerse nada". Es muy importante transmitir esto a los nuevos creyentes. No debemos hacerles pensar que Dios es una oportunidad para hacer carrera personal. Es lamentable que con frecuencia esta es la meta de los cristianos cuando prevalece el síndrome de "fijar la atención en el hombre". La Iglesia tampoco es un lugar para disfrutar de aquellos que se han convertido en "algo" a los ojos del hombre; más bien es un lugar para recibir bendiciones de Aquel que obra mejor a través de los que se "hacen nada". Todos necesitamos una revelación fresca en esta área, tanto los líderes como el rebaño. Fíjese que esta actitud fue un acto voluntario de Jesús; Él mismo se "hizo nada", se redujo a sí mismo, se despojó a sí mismo. Este debe ser nuestro modelo. No pida a Dios que lo humille o lo "haga nada". Por supuesto que Él puede hacerlo al instante, con una fuerza que haría que diera vueltas su cabeza, y a veces lo hace. Pero Él desea que en libertad nosotros nos humillemos y nos "hagamos nada" nosotros mismos. Esto es lo que le place, que busquemos sus caminos y voluntariamente los sigamos. Sí, necesitamos del Espíritu Santo para dar este fruto en nuestra vida, pero el Espíritu no puede trabajar libremente a menos que cooperemos con Él.

En esto hay otra lección: Jesús se comprometió de por vida a tener esta actitud de "hacerse nada". En realidad sabemos poco sobre una de las más interesantes partes del ministerio de Jesús en la tierra: el tiempo que pasó con sus discípulos después de su resurrección. "A quienes también, después de haber padecido, se presentó vivo con muchas pruebas indubitables, apareciéndoseles durante cuarenta días y hablándoles acerca del reino de Dios" (Hch. 1:3). ¡Vaya Instituto Bíblico! Pasar tiempo con el Salvador resucitado recibiendo enseñanzas sobre el reino de Dios. Sin duda, Cristo usó este tiempo para explicarles el verdadero significado de todo lo que había pasado. Esto hizo que estos hombres se convirtieran en poderosos instrumentos en la mano de Dios, algunos de ellos al escribir porciones del Nuevo Testamento, etc. Sin embargo, Jesús también mostró después que podía utilizar también a los que no habían asistido a ese magnífico Instituto Bíblico. Un ejemplo es Pablo, quien ni siquiera era creyente en esa época. Gracias a Dios por ello, ya que todos nosotros tendríamos la desventaja de que tampoco pudimos asistir a ese Instituto.

Sin embargo, uno de los hechos más espectaculares de este período es lo que Cristo decidió no hacer. Recordemos que Jesús tenía diferencias frecuentes con los sacerdotes y los maestros judíos. Lo odiaban debido a que no encajaba en su sistema religioso y en su opinión no podía ser el Mesías. Finalmente lograron matar a Jesús en la cruz, al incitar a Judas a traicionarlo, al traer falsas acusaciones contra Él y alborotar a las multitudes en su contra.

Sin embargo, después que Jesús resucitó de los muertos, no le hubiera tomado sino unos minutos mostrar a estas personas que en efecto, Él había resucitado y era Señor. Podría haber ido al Sanedrín, asomado la cabeza y dicho: "¡Buenos días! ¡Qué hermosa mañana!" Esto sin duda hubiera creado los más grandes encabezados en el equivalente de los diarios de Jerusalén en esa época, que era el *periódico de boca- en boca.* ¡Qué victoria aparente hubiera sido! ¡Que muestra del poder de Dios! ¡Qué manera de mostrar a todos la religiosidad y la incredulidad de estas personas! Pero lo sorprendente es que Jesús no hizo esto. En cambio, los descendientes de los líderes religiosos de esos días aún creen que Jesús está muerto. Oyeron reportes más tarde de los que habían visto al Salvador resucitado, pero los consideraron fantasías de fanáticos religiosos. Es lo mismo en nuestra época: no ha llegado todavía el momento en que Jesús probará a todos lo que sucedió en realidad. Sin embargo, el hecho de que Jesús no se mostró vivo a toda la gente no es un error en el plan de Dios. El apóstol Pedro señala algo interesante con respecto a esto cuando habla en casa de Cornelio: "A éste levantó Dios al tercer día, e hizo que se manifestase; no a todo el pueblo, sino a los testigos que Dios había ordenado de antemano, a nosotros que comimos y bebimos con él después que resucitó de los muertos" (Hch. 10:40-41). Era el plan de Dios que sólo algunos vieran a Jesús, mientras que los demás debíamos llegar a sus pies únicamente por el testimonio de los testigos oculares y por fe.

El asunto es este: cuando Jesús resucitó, la parte de su carácter que se "hizo nada" estaba intacto, y Él no necesitaba probar nada ni intentar arreglar su reputación, ¡ni siquiera con algo tan espiritual como su propia resurrección de los muertos! Jesús estaba completamente satisfecho con simplemente cumplir la voluntad del Padre, cuyo plan era que el Hijo fuera recibido por fe como el Salvador resucitado. Jesús pasó cuarenta días con aquellos que Dios había escogido, los cuales estaban listos para comprender y recibir la sabiduría secreta del Reino. Pero Él no tuvo la necesidad de mostrarse a nadie más, incluso a aquellos que desde el punto de vista humano más necesitaban verlo vivo. Esta es una lección incomparable acerca de la mente de Cristo que también debemos tener nosotros. En penas y pruebas no somos "nada", así que verdaderamente no hay nada que vencer y somos libres de la angustia de tratar de mantener la carne viva. En medio de la victoria y de un ministerio floreciente tampoco somos nada, así que no hay nada que probar, ningunas estadísticas que anunciar, ninguna gloria que

…s encabezados que establecer. Pase lo que pase, toda …ara el Señor.

… podrá llevarnos a donde Él desea que estemos a menos …amos la mente de Cristo. "Por lo cual Dios también le exalt… …asta lo sumo, y le dio un nombre que es sobre todo nombre" (Fil. 2:9). La muerte de Jesús fue la razón principal por la que Dios lo exaltó a una posición de poder y gloria absolutos. Pero su muerte en la cruz nunca hubiera ocurrido si Jesús no hubiera tenido la actitud de la cual hemos hablado. Ocurre lo mismo en nuestra vida; sólo alcanzaremos la posición que Dios tiene para nosotros en su Reino si nuestra actitud es igual a la de Jesucristo. Dios sólo puede usar a plenitud a los cristianos que tienen este entendimiento. Estos no intentarán abusar de la posición que Dios les otorga, ni procurarán compartir la gloria de Dios, ya sea para tomarla ellos mismos o dársela a otros hombres.

Una Iglesia en humildad

La Iglesia genuina del siglo XXI, considerada por muchos como la Iglesia de los últimos tiempos, debería caracterizarse por tener la mente de Cristo y moverse en gran humildad. Este es el único tipo de Iglesia que Dios puede utilizar para concluir esta era. Esta es la razón por la que el Espíritu Santo trae fuerte palabra de exhortación y estímulo, así como reproche y disciplina al pueblo de Dios. Estímulo y reproche, ya que Él no puede realizar su trabajo sobre un fundamento manchado. Cuando Dios llamó al profeta Jeremías, le dio instrucciones claras: "para arrancar y para destruir, para arruinar y para derribar, para edificar y para plantar" (Jer. 1:10). El Espíritu Santo está ahora arrancando y destruyendo aquello que el hombre ha construido y que está fundado sobre el síndrome de "fijar la atención en el hombre". Así Él puede construir aquello que lo pone a Él en el centro, y que de esa manera lleva verdadera autoridad espiritual. El profeta Sofonías expresa esto de manera poderosa: "En aquel tiempo devolveré yo a los pueblos pureza de labios, para que todos invoquen el nombre de Jehová, para que le sirvan de común consentimiento. De la región más allá de los ríos de Etiopía me suplicarán; la hija de mis esparcidos traerá mi ofrenda. En aquel día no serás avergonzada por ninguna de tus obras con que te rebelaste contra mí; porque entonces quitaré de en medio de ti a los que se alegran en tu soberbia, y nunca más te ensoberbecerás en mi santo monte. Y dejaré en medio de ti un pueblo humilde y pobre, el cual confiará en el nombre de Jehová. El remanente de Israel no hará injusticia ni dirá mentira, ni en boca de ellos se hallará lengua engañosa; porque ellos serán apacentados, y dormirán, y no habrá quien los atemorice" (Sof. 3:9-13). Esta profecía habla de la restauración de la nación de Israel así como de la obra de salvación a través de Cristo. Pero también es un mensaje específico que el Espíritu Santo trae a la Iglesia de hoy para instruirle en los caminos del Señor para este tiempo.

En su trabajo de arrancar y destruir, el Señor dice: "quitaré de en medio de ti a los que se alegran en tu soberbia." Hay bastante soberbia en "la ciudad" de Dios, la Iglesia. Igual que lo hicieron los discípulos de Jesús, frecuentemente se habla de quién es el mayor, ya sea en palabras o entre líneas. Igual que en la iglesia de Corinto, constantemente se forman grupos alrededor de líderes y de sistemas, lo cual impide la unidad de todo el Cuerpo de Cristo. Mucho de esto tiene su raíz en la soberbia, donde nos volvemos orgullosos de nosotros mismos o de otros. Nos enorgullecemos de pertenecer a cierta parte del Cuerpo que parece ser más exitosa que otras. Nos envanecemos de ser más correctos doctrinalmente que otros. Estamos orgullosos de seguir a líderes que son más celebres que otros. Nos engreímos al utilizar el talento natural, ya sea el nuestro o el de otros. Sencillamente hay muchas áreas donde el orgullo y la soberbia son lo que hace que la Iglesia tropiece. "Antes del quebrantamiento es la soberbia, y antes de la caída la altivez de espíritu" (Pr. 16:18).

La Iglesia ha estado tropezando y cayendo mucho, no sólo porque el enemigo la haya atacado fuertemente, sino por su propia soberbia. Una Iglesia humilde puede resistir todo ataque del enemigo; una Iglesia soberbia cae por su propio orgullo. Dios todavía está tratando con este problema y quitando esta actitud de su "ciudad". Por eso es que nuestro deseo de confrontar el síndrome de "fijar la atención en el hombre" es tan importante.

Necesitamos mencionar también otra forma de soberbia. Aunque no esté relacionada específicamente con esta área de enseñanza, este tipo de soberbia influye mucho en la habilidad de la Iglesia de caminar de manera equilibrada. "No améis al mundo, ni las cosas que están en el mundo. Si alguno ama al mundo, el amor del Padre no está en él. Porque todo lo que hay en el mundo, los deseos de la carne, los deseos de los ojos, y la vanagloria de la vida, no proviene del Padre, sino del mundo" (1 Jn. 2:15-16). La vanagloria de la vida, el fijar la atención en la riqueza material, la inteligencia humana, el talento natural, la buena apariencia, la educación superior, la posición en la sociedad, etc., son pecados comunes dentro de la Iglesia, tanto así que existen enseñanzas que elevan estas cosas a un nivel completamente erróneo. Dios también está quitando este tipo de orgullo de su pueblo. El tiempo ha llegado para que la Iglesia se llene de fuerza interior, belleza interior, sabiduría y entendimiento espiritual, en vez de los atributos externos que pueden lucir bien por la televisión o los encabezados de los periódicos, pero que tienen poco que ver con la verdad espiritual. El evangelio de la cruz es verdadera locura para las mentes no regeneradas y no podrá morar donde hay mundanalidad.

Dios continúa diciendo en Sofonías: "y nunca más te ensoberbecerás en mi santo monte." La soberbia es orgullo con un toque de arrogancia; la soberbia que hay dentro de la Iglesia es obvia para aquellos que permiten que el Espíritu Santo abra sus ojos. Algunas veces hasta se le llama "fe" o "autoridad espiritual". La soberbia surge básicamente cuando aceptamos la idea de que debemos usar a Dios y sus promesas para beneficio nuestro, en vez de dejar que Dios haga morar en nosotros su Palabra de manera que pueda usarnos para su beneficio. Hay un mundo de diferencia entre estas dos actitudes. La soberbia impide el auténtico temor de Dios, dando como resultado la falta de sabiduría y de autoridad espirituales. Dios está trabajando para quitar este pecado de su pueblo; no debemos nunca más ser soberbios en su santo monte, la Iglesia.

Muchos cristianos se regocijan de su orgullo y soberbia. Hay mucha evidencia de ello en diferentes áreas. La prueba principal de que el orgullo y la soberbia se permiten en la Iglesia (es más, no sólo se permiten, sino que nos regocijamos de ellos), es el síndrome de "fijar la atención en el hombre". El Señor claramente dice a su pueblo que ya no permitirá esto; si no cambiamos voluntariamente nuestro corazón y nos apartamos de este síndrome, Él mismo lo quitará por la fuerza. Dios desea una Iglesia que sea el objeto de su gracia maravillosa. Él ya no está satisfecho con una Iglesia a la que tiene que oponerse de manera activa: "Dios resiste a los soberbios, y da gracia a los humildes" (1 Pe 5:5). De hecho, Dios cumplirá esta promesa cada vez más entre su pueblo, (sí, esta también es una promesa), para lograr su propósito de purificar a la Iglesia.

Así como el Espíritu Santo arranca el pecado de orgullo y soberbia, también siembra y edifica algo nuevo: "Y dejaré en medio de ti un pueblo humilde y pobre." Así son los cristianos que conforman la Iglesia de los últimos tiempos: humildes y pobres ("humildes y sencillos", Dios habla hoy). Mientras la Iglesia procede a la batalla final con el enemigo, este es el único ejército que permanecerá. El orgullo y la soberbia de la carne actúan como imanes que atraen los dardos de fuego del maligno, pero los humildes y pobres en espíritu no pueden ser tocados. Están libres de las actitudes que invitan el ataque enemigo y luego caen bajo este ataque.

Vemos en esta profecía otras tres características de los humildes y sencillos. Primero serán personas que "confiarán en el nombre del Señor". Este será el único nombre que importa en la Iglesia triunfante. Jesús es el único nombre en el que debemos confiar; no debemos confiar en el nombre de cualquier hombre, no importa quién sea. La atención plena estará en el nombre del Señor, y se habrá eliminado el síndrome de "fijar la atención en el hombre".

En segundo lugar, "no dirá mentira, ni en boca de ellos se hallará lengua engañosa." La sinceridad y la apertura de la verdadera Iglesia serán su fortaleza. Ya no intentaremos impresionarnos unos a otros tratando de aparentar algo que no somos, empleando la publicidad correcta para "nuestro ministerio", acentuando lo "positivo" de manera que la gente se sienta bien, incrementando nuestras estadísticas para que nuestro servicio para Dios se vea un poco mejor, o haciendo cualquier otra cosa en el nombre de la "fe", que muchas veces es un puro engaño. Dios no se complace con esto y seguramente lo quitará de su Iglesia. No nos ha dicho que pensemos de manera "positiva" al tener una "super-fe", ni tampoco que pensemos de una manera "negativa" al tener un espíritu de juicio y falta de amor. Dios desea que seamos sinceros, lo cual implica que a veces nuestra actitud será "positiva" y a veces "negativa". Debemos expresar aquello que es la verdad. Esta debe ser la marca de la Iglesia de los últimos tiempos.

En tercer lugar, "no habrá quien los atemorice." No habrá miedo en tal Iglesia. En realidad, el miedo es el temor de perder lo que es importante para nosotros: nuestra vida, muestra provisión, muestra posición, etc. Sin embargo, cuando Cristo se convierte en nuestro todo, no tenemos nada que perder, y por lo tanto, nada que temer. El síndrome de "fijar la atención en el hombre" influye mucho en esto. Si nos enfocamos en la fuerza y habilidad humanas, ya sea nuestra o de otros, y vemos al hombre en una posición incorrecta dentro de la Iglesia, jamás seremos libres del temor. Por otra parte, si ponemos nuestra atención en Jesús, todo temor se disipa.

El Señor se deleita grandemente en los verdaderos adoradores que ocupan su santo monte. Él continúa hablando por medio de Sofonías: "Jehová está en medio de ti, poderoso, él salvará; se gozará sobre ti con alegría, callará de amor, se regocijará sobre ti con cánticos" (Sof. 3:17). ¿Puede usted oír cómo el corazón de Dios se regocija sobre los humildes y sencillos? ¿Puede usted reconocer la melodía pura y celestial que suena alrededor de aquellos que han puesto toda su confianza en el nombre del Señor? ¿Puede sentir el poder imponente de Dios al obrar Él a través de aquellos que se han arrepentido del pecado de orgullo y soberbia?

La Ciudad restaurada, la Iglesia victoriosa, será gloriosa y poderosa. El verdadero Cuerpo de Cristo levantará la cabeza en alto, para que todo el mundo vea la belleza y el poder de Cristo, no el de nadie más. Su liderazgo no será anónimo; será a través de personas reales, pero estas se verán a sí mismas como un conducto para la autoridad y el liderazgo de Cristo. Es más, el único liderazgo útil será el que renuncie a la actitud de complacer al hombre. Pablo se refiere a esto al decir:

"no como para agradar a los hombres, sino a Dios, que prueba nuestros corazones. Porque nunca usamos palabras lisonjeras, como sabéis, ni encubrimos avaricia; Dios es testigo; ni buscamos gloria de los hombres; ni de vosotros, ni de otros, aunque podíamos seros carga como apóstoles de Cristo" (1 Tes. 2:4-6). Y el rebaño verá a sus pastores como canales del liderazgo de Cristo únicamente.

En la Ciudad restaurada, cada persona tendrá el mismo valor que los demás. La unidad del Espíritu en los vínculos de amor lo asegurará. Toda la gloria y toda la honra, y todos los aplausos, serán únicamente para el Señor en reconocimiento de su obra, no al hombre por la posición, el título o el don especial que Dios le haya otorgado. La Iglesia restaurada no será impulsada por el síndrome de "fijar la atención en el hombre" sino por el Espíritu Santo quien llamará, enviará y reunirá a los cristianos al mantener toda la atención en Cristo. Los miembros del Cuerpo se buscarán y se conocerán "no… conforme a la carne, sino conforme al Espíritu" (Ro. 8:4), es decir, no basado en los atributos naturales como el talento y la fama, sino basado en la vida y la obra de Cristo en cada miembro, ya sea una persona conocida o no. De esta manera, se fijará la atención menos en las habilidades naturales y los puestos visibles.

Dios ha planificado para la Iglesia una maravillosa época de servicio en los días venideros. ¿Encontrará Él a un pueblo humilde que pueda colaborar con Él? Sofonías profetizó que un pueblo con labios purificados invocarían el nombre del Señor y le servirían de "común acuerdo" (Sof. 3:9). Ahora mismo el Espíritu Santo está llamando a esta Iglesia de "común acuerdo" en todo el mundo y la está preparando para un gran mover de Dios al final de los tiempos. Esta Iglesia caminará en verdadero temor de Dios, no temor de hombres; adorará solamente a Dios, no a los hombres. Se levantará con un grito de victoria con su atención fijada en la fuerza, el honor, la gloria y el loor, no de sí misma, sino de Aquel que está sentado en el trono y del Cordero.